POR QUE AS PULSÕES
DE DESTRUIÇÃO OU DE MORTE?

CONSELHO EDITORIAL
André Costa e Silva
Cecilia Consolo
Dijon de Moraes
Jarbas Vargas Nascimento
Luis Barbosa Cortez
Marco Aurélio Cremasco
Rogerio Lerner

POR QUE AS PULSÕES DE DESTRUIÇÃO OU DE MORTE?

André Green

Tradução
Vanise Dresch

Título original: *Pourquoi les pulsions de destruction ou de mort?*
Por que as pulsões de destruição ou de morte?
Todos os direitos reservados. Tradução autorizada da edição de língua francesa publicada pela editora Ithaque
© 2010 André Green
© 2010 Les Éditions d'Ithaque
© 2022 Editora Edgard Blucher Ltda.

Publisher Edgard Blücher
Editor Eduardo Blücher
Coordenação editorial Jonatas Eliakim
Produção editorial Lidiane Pedroso Gonçalves
Preparação de texto Ana Maria Fiorini
Diagramação Negrito Produção Editorial
Revisão de texto Angela das Neves
Capa Leandro Cunha
Imagem da capa Henri Rousseau (1844-1910), *La Guerre*, 1894, Huile sur toile, 114 x 195 cm, Paris, Musée d'Orsay, RF 1946 1, © Musée d'Orsay, dist. RMN-Grand Palais / Patrice Schmidt

Traduzido com o apoio do Centre National du Livre

Blucher

Rua Pedroso Alvarenga, 1245, 4º andar
04531-934 – São Paulo – SP – Brasil
Tel.: 55 11 3078-5366
contato@blucher.com.br
www.blucher.com.br

Segundo o Novo Acordo Ortográfico, conforme 6. ed. do *Vocabulário Ortográfico da Língua Portuguesa*, Academia Brasileira de Letras, julho de 2021.
É proibida a reprodução total ou parcial por quaisquer meios sem autorização escrita da editora.

Todos os direitos reservados pela Editora Edgard Blücher Ltda.

Dados Internacionais de Catalogação na Publicação (CIP)
Angélica Ilacqua CRB-8/7057

Green, André
  Por que as pulsões de destruição ou de morte? / André Green ; tradução de Vanise Pereira Dresch. – 1. ed. – São Paulo : Blucher, 2022.
  170 p.

  Bibliografia
  ISBN 978-65-5506-082-9 (impresso)
  ISBN 978-65-5506-077-5 (eletrônico)

  1. Morte – Aspectos psicológicos. 2. Suicídio.
  I. Título. II. Dresch, Vanise Pereira.

22-0720 CDD 155.937

Índice para catálogo sistemático:
  1. Morte – Aspectos psicológicos

Em memória de Évelyne

Digam o que disserem, na própria prática da virtude o fim visado é a volúpia.

A meta de nossa existência é a morte [...]

Se não tivésseis a morte, vós me amaldiçoaríeis sem cessar por vos haver privado dela. Foi propositalmente que a ela juntei alguma amargura, a fim de impedir que, ante a comodidade dela, não a buscásseis com avidez. Para vos trazer a essa moderação que vos solicito, de não abreviar a vida e não tentar esquivar a morte, temperei-as pelas sensações mais ou menos suaves, mais ou menos duras que vos podem conceder.

Montaigne, *Ensaios*, Livro I, cap. XX[1]

---

1 Trechos retirados de Michel de Montaigne, *Ensaios*, trad. Sérgio Milliet, livro I, capítulo XX (São Paulo: Abril Cultural, 1972, coleção Os Pensadores).

Conteúdo

Prefácio
André Green: pensar a destrutividade, recriar em psicanálise
– *Fernando Urribarri*   11

Preâmbulo   23

1. Fundações   27

    Hipóteses sobre a gênese da pulsão de morte   27

    Da compulsão (coerção) à repetição à reprodução originária   35

    A montagem escamoteável do narcisismo   46

    A falsa simetria do sadomasoquismo   57

    Refundações, avanços, transposições   60

    Conclusão   67

2. A onda de choque da pulsão de morte: Ferenczi, Melanie Klein, Bion, Winnicott, Lacan... E acerca de algumas estruturas clínicas   73

Ferenczi e a análise mútua 73
Melanie Klein e a destrutividade generalizada 81
W. R. Bion – Retorno ao pensamento 90
D. W. Winnicott – O par indivíduo-ambiente 94
Algumas contribuições francesas – De Lacan a Balier 98
A psicossomática de Pierre Marty 102
Desajuste da autoconservação 107
Unidade e diversidade das depressões 111
Suicídio(s): patologia e normalidade 114
Breves considerações sobre a clínica 119

3. A pulsão de morte no campo social:
   O mal-estar na civilização 123
   A pulsão de morte na cultura 123
   O Parricídio originário 133
   Recentes discussões acerca do processo cultural 137
   A pulsão de morte e a linguagem: Laurence Kahn 141

Anexo: Retorno à biologia 149
   Apoptose, morte natural autoprogramada 149
   Atualização em forma de despedida 155

Conclusão provisória 161

Referências 163

Prefácio
André Green: pensar a destrutividade, recriar em psicanálise

Fernando Urribarri

Certa vez, conversando sobre o seu itinerário intelectual, André Green sustentava, de forma humorística, que se tivesse de aceitar algum rótulo preferia o de "homem pulsional". Esta opção tinha um pano de fundo histórico (embora ainda vigente) que, dentre outras coisas, contemplava o reconhecimento anterior de seu livro sobre o afeto e que o caracterizou, durante algum tempo, como "o homem do afeto". A irada reação de Jacques Lacan ao ver-se criticado naquela obra de seu antigo discípulo, ao qual tentou desqualificar fazendo um jogo de palavras com "o abjeto", foi a irônica ressignificação deste termo lacaniano, operada por Júlia Kristeva, que a conduziu do autor dos *Escritos* até o estudo e supervisão com André Green (justamente para aprofundar a sua investigação a respeito do afeto e do pulsional enquanto irredutíveis a linguagem). Os posteriores ataques à psicanálise que partiram das neurociências e do cognitivismo, promovendo um "homem neuronal" (Changeux), foram rebatidos pelo autor em sua obra *A causalidade psíquica* por meio de inúmeras polêmicas, nesta ocasião, em que, novamente Júlia Kristeva, entre outros, viu-se reconhecendo-o como um "homem pulsional", alguém que entra no jogo encarnando a defesa dos fundamentos freudianos. Finalmente, pode completar esta mesma imagem, com a imagem proposta por J. B. Pontalis, para definir seu velho amigo e companheiro de aventuras intelectuais: "a paixão clínica".

Pensador do pulsional, praticante de uma clínica na qual o afeto pode colocar em questão a simbolização, sobre esta tela de fundo deveria ser quase evidente que esse novo livro de André Green aprofunda a veia principal de seu pensamento. *Por que a pulsão de destruição ou de morte?* É uma pergunta que, com diversas formulações, percorre toda a sua obra. Em seu inovador primeiro livro *Narcisismo de vida e narcisismo de morte* (1967[1]) encontramos a introdução de um "narcisismo negativo", como complemento do narcisismo positivo conceituado por Freud. O manuscrito inconcluso seu último livro denomina-se *O positivo, o negativo do negativo*. As conflituosas e complexas relações entre a destrutividade e a criatividade psíquica são um dos núcleos imperecíveis de sua extensa investigação.

Em grande parte, a potência deste livro surge da convicção de seu autor de que o por vir da psicanálise encontra-se em relação com os destinos da pulsão de morte, ou seja, em relação com a capacidade da psicanálise de confrontar o desafio teórico e clínico que a destrutividade comporta, tanto no nível do campo analítico contemporâneo (definido pelo predomínio de estruturas não neuróticas), como no nível do mal-estar cultural atual (*o avanço da insignificância*, segundo Cornelius Castoriadis). Em outras palavras: a psicanálise depende de sua capacidade para definir o contemporâneo de sua época.

A questão do contemporâneo, como pergunta e como projeto, impulsiona e define a obra de André Green, desde *O inconsciente e*

---

1 As datas de publicação (registradas entre parênteses) correspondem às edições.

a psicanálise francesa contemporânea (1962), passando por *Ideias e diretrizes para uma psicanálise contemporânea* (2002), até chegar a *Clínica Psicanalítica Contemporânea* (2012), podemos dizer que o contemporâneo evolui do adjetivo para o substantivo, do conceito à *ideia diretriz*.

No que consiste a questão do contemporâneo? Colocando de modo simples, em reconhecer o reducionismo teórico e os *impasses* práticos que causam a crise dos modelos pós-freudianos. Em propor-se a superá-los. Neste sentido, o percurso de quase meio século da obra de nosso autor implica na elaboração de um modelo teórico e clínico pessoal, ao mesmo tempo freudiano e original, que articula uma renovação do método psicanalítico, uma extensão do campo clínico e uma reformulação dos fundamentos metapsicológicos. Um percurso que, em sua última etapa, propõe reconhecer os desenvolvimentos pessoais como aportes para a construção, necessariamente coletiva, de um novo paradigma contemporâneo: freudiano, pluralista, complexo, estendido.

A amplitude panorâmica, a complexidade polifônica e o estilo dialógico (de leitura de diversos autores, de colocar as ideias em jogo, de interpelar aos leitores) diferenciam este livro que agora apresentamos. A perspectiva contemporânea se encontra, antes de tudo, expressa na estrutura do texto, em sua forma de tríptico. A exposição segue com elegância e rigor os aportes de Freud, seguidos pelos de Ferenczi e dos grandes pensadores pós-freudianos (Klein, Lacan, Bion, Winnicott) e, finalmente, os de certos autores e debates atuais. Por sua vez, esses aportes conceituais são colocados em relação, em tensão, a respeito das questões levantadas no campo clínico e social.

Compreende-se: o projeto contemporâneo procura captar o presente como história, enquanto condição de possibilidade para a elucidação e transformação dos problemas atuais. Em minha colaboração com André Green durante a preparação de seus livros e, em especial, nos prefácios e posfácios que redigi para alguns deles, meu aporte orientou-se para colocar em perspectiva, historicamente e conceitualmente, o que cada novo trabalho marca em sua obra, bem como no contexto geral da psicanálise. É esta também a intenção que anima estas linhas introdutórias.

Seguindo uma clássica distinção, é possível diferenciar no percurso de André Green uma etapa inicial (décadas de 1960 e 1970), uma etapa de maturidade (1980 e 1990) e uma *etapa tardia* (inaugurada por volta do ano 2000)[2]. O texto que aqui apresentamos, publicado em francês em 2007 (e reeditado em 2011), não somente corresponde à terceira e última etapa, como também é especialmente representativo de sua singular riqueza.

Desde o começo dos anos setenta até o final dos setenta, vimos o nome de André Green surgir, destacar-se e estabelecer-se como autor com seus próprios temas de interesse, sua perspectiva pessoal e seu estilo. Partindo de uma notável preocupação com os desafios da clínica e com os limites da analisabilidade, se delineia uma identidade freudiana de base e um pensamento pluralista que vai se enriquecendo com a influência de "seus" autores pós-freudianos (Lacan, Winnicott, Bion), complementado pelo intercâmbio com seus contemporâneos (especialmente com seus colegas do movimento pós-lacaniano, como Laplanche, Pontalis, Aulagnier, Anzieu, entre outros). Emerge um estilo que sintetiza paixão clínica e pensamento complexo.

O discurso vivo: a concepção psicanalítica do afeto (1973) é, possivelmente, o livro mais representativo desta etapa, pois estuda este tema se aprofundando em Freud, revisando os aportes

---

2 Neste texto retomo e desenvolvo algumas das considerações formuladas em "André Green. Passion clinique, pensee complexe", posfácio de "Illusions et desillusions de la pratique psychanalytique" (Green, 2010).

pós-freudianos e propondo conclusões pessoais. Green concebe o afeto como modo de simbolização primário e postula a heterogeneidade do significante psicanalítico. Inscreve o afeto em uma lógica da heterogeneidade que caracteriza o processo de representação (a função básica do psiquismo) pela tensão irredutível entre a força e o sentido, o econômico e o simbólico, o estrutural e o histórico. Esta é e sempre será, uma chave fundamental de seu pensamento.

Os decênios da maturidade (1980/1990) são os de elucidação da clínica no que diz respeito aos limites de analisabilidade, e, portanto, de novos desenvolvimentos metapsicológicos. *Narcisismo de vida e narcisismo de morte* (1983) e *Sobre a Loucura privada* (1990) desenvolvem e consolidam a concepção original do funcionamento e do tratamento dos casos limite, dando conta da profunda transformação do campo analítico. Para outorgar fundamento metapsicológico à clínica, parte da pulsão como "conceito limite" e acaba fazendo do próprio limite um conceito. O homem, ser pulsional pode transformar-se em um "limite móvel". Por outro lado, a elaboração do narcisismo negativo (ou de morte), busca esclarecer conceitualmente e orientar tecnicamente a clínica que se denomina "do vazio", referente à alucinação negativa, ao luto branco, ao sentimento de vazio, entendidos como resultantes de um desinvestimento massivo e temporal do objeto primário (expressão da destrutividade da pulsão de morte). O "complexo da mãe morta" constitui uma síntese potente das problemáticas do "luto branco" e se torna uma figura paradigmática da clínica contemporânea.

Os anos 1990 foram marcados por uma notória inovação conceitual e pela sistematização de uma visão teórico-clínica geral. A inovação comporta a introdução dos "metaconceitos" ou eixos conceituais. André Green introduz uma noção de terceiridade, por meio da qual renova sua noção de simbolização, que, ao mesmo tempo, permite articular e aprofundar uma série de noções "terciárias" prévias (a partir da "teoria da triangulação generalizada" até os processos terciários). Pouco tempo depois é publicado seu livro mais original: *O trabalho do negativo* (1993). A elaboração de suas dimensões estruturantes e desestruturantes vão desde a especulação mais abstrata sobre as pulsões destrutivas até a mais concreta consideração das situações limite na clínica, passando por uma revisão global dos mecanismos de defesa e da concepção do Eu. Dois anos depois, *A causalidade psíquica* e *A metapsicologia revisitada* respondem a expectativa de numerosos leitores que desejavam uma apresentação do conjunto do pensamento teórico de André Green. Esquematicamente, digamos que se concebe o sujeito psíquico como processo heterogêneo de representação, que simboliza as relações no e entre o intrapsíquico (centrado na pulsão) e o intersubjetivo (centrado no objeto).

A etapa tardia se inicia por volta dos anos 2000, definido pelo reconhecimento da crise da psicanálise e o projeto de um novo paradigma para a sua superação. O projeto contemporâneo não pretende ser um novo discurso ou dialeto (um novo "ismo" em torno de Green, por exemplo). Aponta para a construção de uma nova matriz disciplinar, uma articulação de certas perguntas e de certas ideias diretrizes para orientar um programa coletivo de investigação, que reconheça e aborde os desafios específicos da etapa atual. Um de seus aspectos chave é a consideração dos casos limite como os novos pacientes paradigmáticos (do mesmo modo que os neuróticos e psicóticos foram para os modelos freudianos e pós-freudianos, respectivamente).

Orientado "para uma psicanálise do futuro" (Green), a virada dos 2000 imprime ao trabalho de nosso autor uma dupla orientação: de um lado, de propostas para a construção de um paradigma contemporâneo, e por outro, de aprofundamento de seus próprios temas de investigação, dos quais se destacam questões complementares à destrutividade do funcionamento não neurótico (denominação que tende a substituir a de casos limite) e a criatividade do trabalho psíquico do analista.

Cada vertente se encontra representada em duas importantes obras, publicadas em 2002. *Ideias e diretrizes para uma psicanálise contemporânea* estabelece uma espécie de cartografia dos principais problemas teóricos e clínicos ligados à prática analítica atual. E reformula os principais eixos conceituais do pensamento de seu autor enquanto aportes (ao trabalho coletivo) para recalibrar a bússola e retraçar as coordenadas da exploração analítica.

Em *O pensamento clínico* podemos destacar dois eixos temáticos principais, que caracterizam, como dissemos, as investigações pessoais deste período. Um eixo temático corresponde ao estudo da destrutividade: abarca desde o trabalho do negativo nas estruturas não neuróticas até a revisão da pulsão de morte, sobre a qual voltaremos mais adiante. O outro eixo temático corresponde a uma renovada e renovadora reflexão acerca dos fundamentos e variações da prática (o método, o processo etc.), que indica o desenvolvimento de um novo modelo clínico terciário, centrado na diversidade e na criatividade do trabalho psíquico do analista. Esta teorização desemboca na nova noção de "pensamento clínico". Apontado como o "enquadre interno do analista", enquanto matriz representativa pré-consciente, o pensamento clínico transforma um eixo conceitual complexo, que inclui a atenção flutuante e a contratransferência como dimensões complementares. O trabalho psíquico do analista articula uma série de operações heterogêneas: escuta, fugurabilidade, imaginação, elaboração da contratransferência, memória pré-consciente do processo, historização, interpretação, construção etc. Seu melhor funcionamento é o dos "processos terciários" sobre os quais se fundam a compreensão e a criatividade do analista.

Para concluir estes apontamentos introdutórios, vamos focalizar o tema da pulsão de morte no pensamento de André Green. Como vimos, este concebe a destrutividade como uma dimensão essencial do psiquismo (e um problema central para psicanálise). Considera justificada a segunda teoria pulsional de Freud, que contrapõe as pulsões de vida e de morte, buscando dar conta de um mais além do princípio do prazer. Contudo, rechaça certos termos da teorização freudiana. A ideia de uma pulsão "de morte", com sua concepção biologizante e teleológica, parece-lhe inconsistente. Neste sentido, propõe formulações e fundamentações alternativas.

A investigação de André Green em torno deste tema é guiada por duas grandes interrogações: Como opera a pulsão de morte no aparato psíquico? Em que se transforma a teoria do narcisismo com relação aos conceitos da última teoria das pulsões? Poderíamos afirmar, resumidamente, que a primeira questão será abordada mediante a conceitualização do trabalho do negativo. E, para responder à segunda, iremos complexizar a teoria do narcisismo a partir da introdução do par "narcisismo de morte/ narcisismo de vida".

Nesta "aventura do negativo", (parafraseando o título de seu livro sobre Henry James), este trecho do artigo "Pulsão de morte, narcisismo negativo e função desobjetalizante" (incluso em *O trabalho do negativo*), constitui um marco sintético. Vale a pena citá-la e comentá-la: "Proporemos a hipótese de que a meta principal das pulsões de vida é assegurar uma função objetalizante. Isto não significa que seu papel seja somente criar uma relação com o objeto (interno e externo), mas sim se mostrar capaz de *transformar estruturas em objeto* (...). Dito de outra forma, (...) pode fazer advir ao estado de objeto algo que não possui nenhuma das qualidades, das propriedades e dos atributos de objeto, com a condição de que no trabalho psíquico efetuado se mantenha uma única característica: um investimento significativo. (...) em última instância, o objetalizado é o próprio investimento. (...) Por outro lado, o da pulsão de morte e desempenhar da maneira mais extrema possível uma função desobjetalizante, por meio do desligamento".

Isto significa que o autor de *As cadeias de Eros* concebe a pulsão de morte como força de desinvestimento, e não como expulsão, ataque ou agressão – que são avatares possíveis, porém secundários. Em sua forma primordial, o desinvestimento afeta o próprio processo de ligação, e, portanto, aos seus componentes (representações, objetos, tramas, "vias colaterais"). No limite, pode afetar os próprios pilares organizadores do psiquismo: é o narcisismo de morte (enquanto desinvestimento da própria estrutura e unidade narcísica primária). Ao desenvolver esta visão, Green propõe uma reformulação ao segundo dualismo pulsional freudiano, mediante o par conceitual função objetalizante e função desobjetalizante. Deste modo, procura dar um papel central ao objeto na própria dinâmica de desencadeamento e na operação da pulsão de morte. A compulsão à repetição mais além do princípio do prazer comporta uma desobjetalização. É um curto-circuito do "investimento significativo", condição mínima do processo representativo e da função objetalizante. Trata-se de uma concepção processual, inerente à perspectiva que define reciprocamente e articula o intrapsíquico com o intersubjetivo. A pulsão de morte não pode ser compreendida exclusivamente em termos pulsionais, muito menos se estes arrastam o reducionismo de um "automatismo repetitivo", ou o biologismo incoerente de uma "tendência a retornar ao estado inorgânico", que propõe uma causalidade biológica para um processo psíquico. Tampouco é possível, em termos de relação de objeto ("inveja primária", "sadismo", etc.). A compulsão à repetição mortífera, que deve ser distinguida da repetição desejante, corresponde ao fracasso no tecido psiquicizante (ou objetalizante) da relação pulsão-objeto.

Finalmente, para esboçar o contexto da etapa em que este novo livro surge, devemos recordar que o ano 2000 está marcado por uma virada, de aprofundamento, no estudo da destrutividade. Dois importantes trabalhos se destacam: o primeiro abarca a segunda metade do livro *O tempo fragmentado* (2000), no qual um estudo atento da compulsão à repetição mortífera a define como um "assassinato do tempo".

O outro é o artigo "A morte em vida", incluso em *O pensamento clínico*. Depois de estabelecer um balanço de seus acordos e desacordos com Freud, formulam-se uma série de teses pessoais. André Green postula que a pulsão de morte não existe em um estado de atividade permanente, mas sim que se instala na sequência de uma série de frustrações, vividas em silêncio ou em ruidosa agitação. Para além disso, aquela não tem, em relação às pulsões de vida, nem supremacia, nem subordinação, nem irreversibilidade. Depende em grande medida da relação de objeto, pois se uma de suas funções é contribuir para intrincação das pulsões, seu fracasso pode provocar reações de desintrincação que favorecem a expressão das pulsões de destruição. Em análise, a pulsão de morte pode ver seus efeitos favorável ou desfavoravelmente modificados, contudo, não é legítimo colocar em sua conta todos os fracassos da análise. Como conclusão, propõe a denominação de "pulsões de destruição", com uma dupla orientação, interna e externa, para substituir a terminologia freudiana e conservar o valor conceitual, e heurístico, da problemática "demoníaca", de mais além do princípio do prazer.

Espero que este prefácio repasse as principais ideias de nosso autor sobre este tema e permita ao leitor visualizar o contexto no qual se inscreve o livro que agora tem em suas mãos. Dissemos anteriormente que é representante da etapa tardia, marcada pela virada dos anos 2000, uma vez que André Green não prioriza nem a exposição nem o aprofundamento de suas próprias ideias, mas sim colocar em perspectiva, historicamente e conceitualmente, ao mesmo tempo, os principais aportes ao seu tema. Realizou uma espécie de "colocar em dia", que situa seus próprios trabalhos, como quem propõe um marco teórico para uma investigação que considera imprescindível. Se trata, por isso, inicialmente, de um argumento a favor da relevância e da persistência do problema da destrutividade, ao mesmo tempo que uma reivindicação da potência criativa da psicanálise para dar novas respostas. Por isso nos coloca uma pergunta, interpela-nos e convoca a nos comprometermos a uma reflexão coletiva, que tenha raízes na intimidade de nossa prática e que aposte em renovar o horizonte de nossa disciplina.

Preâmbulo

A morte, meta de uma pulsão, seria possível?[1] Embora a hipótese da pulsão de morte date de 1920, ela soa tão estranha que as referências ao passado não permitem atribuir-lhe muitos antecessores, assim como também, após essa data, quase não há sucessores. Com algumas exceções: a formidável abertura de Schopenhauer – talvez o filósofo mais próximo de Freud, como ele mesmo reconheceu – e, posteriormente, Nietzsche. Alargando a brecha aberta por Schopenhauer tão somente para melhor fechá-la, a fim de nos devolver a esperança que este nos havia tirado, Nietzsche se considerava o antídoto mais eficaz contra o pessimismo da teoria freudiana. A "ridícula pulsão de morte", dizia Deleuze.

Remontando a um passado mais distante, se o patronato de Empédocles é invocado pelo próprio Freud, este *antes*socrático permanece isolado. Quase nenhum dos materialistas da Antiguidade vem prestar socorro a Freud. No âmbito da filosofia, portanto,

---

1 Agradeço a Litza Guttieres-Green e a Hélène Boulais pela organização dos manuscritos.

colhe-se pouco, e seus desenvolvimentos recentes confirmam a tendência.

Percamos, assim, toda e qualquer esperança no terreno da filosofia. Dir-se-ia, então, que deveríamos nos voltar para os próprios psicanalistas? Infelizmente, esta também não é uma solução viável, uma vez que certos psicanalistas – os melhores – aboletaram-se entre os críticos mais ferrenhos da "pulsão de morte"; ou, então, adotaram o conceito sem embasar sua adesão em uma análise argumentada; ou, por fim, deformaram seu significado para simplificá-lo, sem, no entanto, realmente nos ajudar a compreendê-lo.

Deveríamos recorrer aos homens de bom senso? Certamente que não, pois nada é mais alheio ao bom senso que a compreensão da teoria psicanalítica, especialmente no que tange à questão da pulsão de morte. Resta, então, a ilusão do apoio daqueles que não nos atrevemos a chamar para esse debate por um justo ceticismo: os homens "amantes da lucidez". Pois cada um concebe a lucidez ao seu modo, acusando de obscurantismo as opiniões dos outros.

Viver com a ideia de ser portador de uma força de morte dirigida essencialmente contra si mesmo não é algo muito fácil de admitir. Em todo caso, é menos fácil do que viver com a ideia de que somos todos assassinos, sempre prontos a invocar a legítima defesa ou a necessidade de sobrevivência para nos engalfinharmos uns com os outros.

Assumamos nosso lado – o pensamento psicanalítico rejeita aqueles que tentam assimilá-lo de fora, tão distantes estão seus postulados e teoremas fundamentais do pensamento corrente. Mesmo que a força de convicção das ideias seja, com frequência, posta em xeque a respeito dessa questão, pelo menos "o tempo da reflexão"[2]

---

2 Título de uma revista cuja publicação foi encerrada, dirigida por J.-B. Pontalis.

pode servir para alimentar tanto as perguntas como as respostas à luz do pensamento, condizente, aqui, com a experiência.

Para terminar, uma observação: posicionei-me do lado das ideias de Freud acerca da pulsão de morte para propor uma versão um tanto diferente, e isso já há muito tempo. Todavia, foi durante a redação deste livro que tive a impressão de compreender, pela primeira vez, algo das questões levantadas pela pulsão de morte. Devo confessar, porém, que as respostas que apresentarei baseiam-se tanto em minhas ideias como nas reflexões de vários autores pós-freudianos que me influenciaram. Mesmo assim, não tenho a ilusão de ter chegado ao término, mas somente de ter vencido uma etapa.

Croagnes, verão de 2006.

1. Fundações

Hipóteses sobre a gênese da pulsão de morte

Não hesitemos em encarar a metapsicologia mais especulativa de Freud, aquela que, às vezes, nos irrita, por parecer tão pouco disposta a deixar o céu das ideias, ao mesmo tempo que legisla sobre problemas que afetam profundamente nossa prática, por exemplo, quando ela se alça no estudo de noções tão gerais e fundamentais como a vida e o amor, a destrutividade e a morte.

Na teorização mais tardia dessas questões, Freud revela sua última hipótese, tendo de lidar com o mistério da compulsão à repetição. A compulsão à repetição e o além do princípio de prazer são referidos a uma nova e inesperada explicação: a da pulsão como restauração de um estado anterior. Mas uma hipótese de tamanha envergadura deve ser avaliada pela medida de seus resultados. Para validar uma ideia como essa, é preciso combiná-la com uma teoria das origens que é sua precondição. É aqui que Freud encontra-se em dificuldade. Até então, a pulsão servia de caução para o originário, principalmente quando sua finalidade primitiva era o prazer, quando a teoria, ao mesmo tempo que admitia a existência de conflitos pulsionais fundamentais, só os concebia no âmbito *ainda não definido* das pulsões de vida, cuja caracterização e definição ainda estavam por vir. Não é legítimo, portanto, dizer que as pulsões de vida já existiam, e, além disso, é preciso destacar que nada do que seria atribuído ao âmbito da morte previa ou dispunha de um suporte pulsional – ainda não concebido. Tampouco nada podia, nem mesmo hipoteticamente, inserir-se no campo das pulsões de vida, uma vez que esse conceito ainda não existia. Todas as manifestações relativas à agressividade continuavam a fazer parte das vicissitudes internas da libido sexual, tese que Adler já havia sustentado, a seu modo, nos primórdios da psicanálise, e que Freud não aceitava, pelo menos não dessa forma. A morte era, em suma, apenas o esgotamento do potencial da vida, portanto, da libido, como, aliás, continuam pensando muitos analistas contemporâneos.

A hipótese da pulsão de morte abalou tudo isso. Se o retorno ao estado anterior à vida passava a ser a meta principal de toda pulsão, faltava explicar o que poderia constituir o estado anterior, último ou primeiro.

Como sempre, em Freud, a introdução de um novo conceito implica o equilíbrio do todo e exige uma conceituação diferente daquela que prevalecia até então. Nenhuma tentativa de compreender o alcance da pulsão de morte pode prescindir de uma reflexão atenta sobre o agrupamento oposto, que deu origem a outras ideias em substituição a concepções anteriores até então solidamente estabelecidas, embora acréscimos posteriores pudessem modificar seu significado. É o caso da fase teórica que opõe a libido narcísica à libido de objeto, que, a meu ver, merece ser chamada de segunda teoria das pulsões, deixando para os conceitos de 1920 a denominação de terceira e última teoria das pulsões.

Mas o destino quis diferente, vendo na etapa de 1913-1914 apenas uma peripécia que desviou o juízo de Freud, como ele mesmo confessou. Ele se censurou, nessa ocasião, por ter sido influenciado inconscientemente e, até mesmo, involuntariamente por seu discípulo Carl Jung, que depois se tornaria seu adversário. Convencionou-se atribuir a denominação de segunda e última teoria das pulsões unicamente às ideias enunciadas em 1920. Resta entender, contudo, de que modo a reformulação de 1914 pavimentou o caminho para a revolução de 1920.

Uma originalidade da concepção de 1920 está no fato de apresentar-se sob um duplo aspecto sincrônico e diacrônico. De um lado, como as concepções anteriores, ela oferece uma nova imagem sincrônica da constituição do psiquismo. É isso que leva Freud a argumentar que a pulsão de vida e a pulsão de morte coexistem desde o nascimento. Mas, paralelamente, e talvez acima disso, a justificativa da pulsão de morte tem de ser vinculada a uma perspectiva *filogenética*, logo diacrônica, que, para tanto, não hesita em remontar, em teoria, às origens da vida.

Nessa última teoria das pulsões, esse ponto de vista não é expresso de forma isolada, contrariamente às afirmações anteriores. Essa era a surpresa que encontrariam os leitores de *Além do princípio de prazer*. Eles não suspeitavam de que, dessa vez, o questionamento do princípio de prazer seria acompanhado por uma reflexão sobre as origens da vida para dar conta das diversas organizações do psiquismo. Essa posição vai ao encontro, talvez, de algumas afirmações do *Projeto para uma psicologia científica* (1895), mas não tinha precedentes em sua obra publicada.[1] Admito que fiquei irritado, muitas vezes, com essa especulação de 1920, não

---

1 Lembremos que o *Projeto para uma psicologia científica* foi publicado somente após a descoberta tardia de seu manuscrito, e isso apesar da discordância de Freud.

querendo aceitá-la como uma espécie de exercício lúdico, uma divagação mental que deseja conceder-se alguma licença imaginativa no âmago de um pensamento frequentemente árido. Porém, mesmo as especulações mais ousadas de Freud, para não dizer as mais injustificadas, são acompanhadas de uma reflexão que faz o analista voltar a problemas que lhe são, contudo, familiares.

Ocorre que a perspectiva sincrônica não perde totalmente sua legitimidade. Uma prova disso são as denominações sinonímicas que Freud propõe como corolários de sua invenção: pulsões de *vida* – pulsões de *morte* – pulsões de *amor* – pulsões de *destruição* (ou de *agressão*), todas as quais podem ser subsumidas em um par mais teórico-clínico que especulativo: ligação-desligamento. Decerto, cada formulação diferente pode comportar nuances que Freud esclarece. Tal hábito não é totalmente novo. Como alegar, de fato, que a distinção entre libido narcísica e libido de objeto não tem nenhuma relação com as novas ideias? Teríamos esquecido que, antes de teorizar o narcisismo, Freud já havia designado, desde muito cedo, as "neuroses narcísicas", que, à época, englobavam as psicoses em geral? Posteriormente, ele reservaria essa denominação à psicose maníaco-depressiva, enquanto as antigas "neuroses narcísicas" seriam chamadas de psicoses, com a destrutividade que comportam servindo, a partir de então, para caracterizá-las.

A prova de que as novas posições são acompanhadas de uma finalidade reintegradora pode ser percebida entre as especulações freudianas mais abstratas. É o caso do retorno à antiga problemática do sadismo, que continha mais ambiguidades do que Freud havia suposto anteriormente. Pensamos menos em Adler do que na trajetória interna do pensamento de Freud, dominado, em um primeiro momento, pela única libido e incluindo a regressão sádico-anal. Agora, ele se prepara para formular uma nova dialética que relaciona a morte (destruição, sadismo) com a libido (narcísica primeiro, depois, objetal). Freud afirma, em 1920, sempre ter admitido um componente sádico da pulsão sexual. Todavia, ele agora considera, para além da possibilidade de que este componente sádico se constitua em perversão, que ele se desvincule mais ou menos dessa liga (desintricação-reintricação). Há, portanto, desligamento possível, mas não é isso que Freud quer mostrar, e sim como o sadismo pode progressivamente ser relegado a um lugar secundário. Ele aventa, então, a hipótese da rejeição do sadismo sob a influência da pulsão narcísica: "Não cabe supor que esse sadismo é, na verdade, uma pulsão de morte que foi repelida do Eu pela influência da libido narcísica, de modo que surge apenas em relação ao objeto?"[2] (Freud, 1920, p. 163). É nesse período posterior que se descobre a finalidade destrutiva do sadismo, que aspira a aniquilar o Eu. Mais tarde, o sadismo se manifestará na possessão amorosa pelo desejo de dominar o objeto.

Observemos a retórica de Freud. Ele parte de um fenômeno clínico familiar, embora este tenha dado origem a teorizações diferentes, para não dizer divergentes. Lança a hipótese da vinculação do sadismo com a pulsão de morte, apoiando-se nas intricações e desintricações da pulsão sexual, "destino" do componente sádico da libido em sua forma perversa e em sua nova meta, a destruição, na nova óptica. Na verdade, essa meta é ditada pela perspectiva diacrônica: o sadismo da pulsão sexual é *expulso* da psique pelo desenvolvimento da libido narcísica. A preocupação de seguir os desenvolvimentos da libido sádica não destrutiva leva a evidenciar os primeiros efeitos da chamada pulsão de vida, que se coloca a serviço da defesa do Eu. Assim, o poder narcísico que se empenha em fazer a vida triunfar dedica-se, em suas posições iniciais, a impedir o Eu de mergulhar na destruição, sem o

---

2 As citações das Obras Completas de Freud foram traduzidas diretamente do francês. [N.T.]

que nenhuma estruturação psíquica seria possível. Essa abordagem antecipa aquela de 1925, em que a análise do mecanismo da negação leva a uma conclusão dupla: primeiro, a expulsão do que é ruim, estranho, odiado, e, paralelamente, a constituição de um Eu-prazer purificado.

O narcisismo é, portanto, o primeiro vencedor de um conflito que faz parte da guerra entre os gigantes pulsão de vida e pulsão de morte *em proveito das pulsões de vida*. É essa etapa que traz a hipótese da contraofensiva da pulsão de morte, que quer anular esse desequilíbrio introduzido pela pulsão de vida. Passamos, assim, historicamente de um narcisismo concebido de início como mortífero (as psicoses) a um narcisismo integrador de vida, o que justifica minha teoria de *dois* narcisismos, o de vida e o de morte.

Em suma, vemos que Freud tenta combinar a última teoria das pulsões, que parece implicar de certa maneira a simultaneidade e a concomitâncias das pulsões, com uma nova abordagem que tenta elucidar a sucessão entre as pulsões de morte (buscando o retorno ao estado anterior, antevital) e as pulsões da libido erótica (de surgimento mais recente). O narcisismo, assim, desempenha o papel fundamental de uma etapa em que se manifesta a primeira predominância de Eros. Lembramos que a construção do Eu só é possível com base em uma concepção do prazer "purificado". Freud não explica em que sentido, mas compreendemos que o Eu precisa momentaneamente se purificar da tentação da destrutividade que desejaria retornar à não vida.

A esta altura, constatamos, então, a necessidade de formular o que vem primeiro e o que vem depois, de investigar o modo como pode se efetuar a passagem de um ao outro. As teorizações anteriores (pulsões de autoconservação e pulsões sexuais, libido narcísica e libido objetal) limitavam-se a formular uma coexistência não unificada e a se basearem em uma forte intuição teórico-clínica.

Em 1920, sem deixar de assentar-se em uma base estrutural muito sólida, a última teoria das pulsões acrescenta uma dimensão que estava ausente nas abordagens anteriores, fundada na filogênese. Examinaremos com maior profundidade as duas concepções, diacrônica e sincrônica, da ideia de pulsão de morte. A primeira, a preferida de Freud, consiste em imaginar como uma matéria originária (orgânica) inanimada é movida por uma força atuante ainda totalmente irrepresentável, isto é, pouco apta a ser chamada de pulsão de vida, sem uma maior precisão. O importante é o que se sucede: a tensão que sobrevém na substância em vias de "vitalização" é ameaçada por um retorno cujo objetivo é nivelá-la novamente, isto é, anular tal tensão, neutralizá-la[3] *a fim de restabelecer o estado anterior* de *não vida*, de não tensão. Assim surge, segundo Freud, a primeira pulsão: "a primeira pulsão, a de retornar ao inanimado". Entendamos: a primeira pulsão não pode ser senão uma pulsão de morte. Em resumo, a pulsão *originária* é pulsão de morte. Essa visão se baseia, lembremo-nos, em uma hipótese filogenética.

A outra hipótese basal, não cronológica, propõe uma visão de simultaneidade; pulsões de morte e pulsões de vida coexistem desde o início; talvez, seja necessário acrescentar "no indivíduo". Diríamos que a primeira visão é especulativa, ante-histórica ou pré-histórica e que a segunda é conceitual, baseada no equilíbrio da teoria, na ontogênese, deixando a pré-história com suas especulações, dando todo o peso à interpretação da clínica.

Freud prossegue em suas especulações: "Partimos da grande oposição entre pulsões de vida e pulsões de morte. O próprio amor objetal nos mostra uma segunda oposição assim, aquela entre o amor (ternura) e o ódio (agressão)" (Freud, 1920, p. 164).

---

3 Freud, *Standard Edition*, XVIII, p. 38: "*endeavoured to cancel it out*". Prefere-se traduzir por "anular, eliminar, neutralizar, que nos parece diferente de "nivelar", muito elíptico.

Ele constrói, hipoteticamente, a articulação dessas duas ordens de dados e anseia encontrar o elo que permite passar de uma à outra. Portanto, ainda aqui é a preocupação diacrônica que prevalece, mesmo na visão ontogenética.

E é nesse momento que o narcisismo vem em seu socorro. Queríamos explicar os raciocínios subjacentes a esse desenvolvimento, pois, até onde sabemos, isso não foi mencionado. Freud intenciona considerar o narcisismo como primeira ligação entre pulsão de morte e pulsão de vida. Mas, se examinarmos com certo distanciamento, a coerência de Freud é notável. É, no entanto, um percurso marcado pela obstinação. Primeiro, uma tal imprecisão que nada se pode distinguir (caos?). Em seguida, surgem os primeiros investimentos identificáveis (libido ligada ao corpo do sujeito, erotismo corporal – tempos "auto" – em uma primeira unificação etc.) Depois, constituição da etapa da primeira unificação: narcisismo propriamente dito, autoerotismo que se opõe ao desaparecimento do que é adquirido, mas que não consegue resistir ao tempo como tal. Sucede-lhe uma intervenção que viabiliza o investimento e a constituição do objeto. O efeito desse investimento é não só permitir a intervenção do objeto, mas também obrigar a estrutura psíquica a se mobilizar e a mostrar o que esconde em suas dobras, descortinando suas prioridades e sua meta final.

Freud diz tudo isso em duas frases. Sua primeira afirmação: a insuficiência de vida na matéria orgânica – o que, na verdade, não é muito diferente das considerações da biologia contemporânea.[4] A segunda formulação elimina a tentação de regredir em relação ao desequilíbrio da vida, quando nada equivalente na ciência faz alusão a isso, a não ser aquilo a que chamamos de retorno do

---

4 Cf. Michel Cassé, "Le cosmos, conceptions et hypothèses", em Morin (dir.), 1999, pp. 26-32. Também, as contribuições de Auguste Commeyras, Sébastien Balibar e Jean-Marc Lévy-Leblond no mesmo livro citado.

catastrofismo,⁵ que, no entanto, faz parte das peripécias da vida. Todavia, novos conceitos evocam isso.⁶ Por fim, a etapa clinicamente perceptível nas teorias sobre o narcisismo permite pensar as origens do Eu e seu destino em sua relação com o objeto.

Da compulsão (coerção)⁷ à repetição à reprodução originária

O narcisismo é uma pedra angular na construção da pulsão de morte. Desde 1914, Freud nunca deixou de mencioná-lo entre os problemas que foi levado a tratar. Em *Além do princípio de prazer*, o narcisismo continuou desempenhando um papel capital, embora, talvez, já começasse a sofrer um declínio e, nas elaborações futuras, estará cada vez menos presente. Entre *Recordar, repetir e elaborar* e *Além do princípio de prazer* transcorreram vários anos.

Mas vamos nos deter, por um momento, em *Recordar, repetir e elaborar*. Teríamos a tentação de acusar Freud de enviesar os fatos para encontrar apenas o que procura? Uma leitura cuidadosa desse texto desfaz completamente a tentação. Diante da descoberta da repetição, Freud não pensa inicialmente na pulsão de morte. Ele descortina simplesmente uma forma inesperada de resistência. Está longe de se apressar em concluir. No final do artigo, movido

---

5 Teoria, adaptada das conclusões do naturalista francês Georges Cuvier 1769-
-1832, que explica, pela ação de catástrofes da superfície da Terra, as diferentes formas de relevo. [N.T.]
6 Cf. as teorias do suicídio celular de Jean Claude Ameisen, neste livro.
7 A tradução corrente é "compulsão à repetição" [compulsion de répétition], mas, nas *Œuvres complètes* (PUF), optou-se por "coerção à repetição" [contrainte de répétition]. Ambas defensáveis, mas *compulsão* tem a vantagem de destacar seu parentesco com *pulsão*, enquanto *Zwang* marca a relação com a coerção [N.T.: ou coação].

por uma atitude nitidamente otimista, ele recomenda que o analista observe bem, estude essa forma de resistência e leve todo o tempo necessário – dando este tempo, também, ao analisando – para elaborar essa nova causa de estagnação da análise. É evidente que, no início, Freud vê nisso apenas um obstáculo superável. Sem dúvida, ele precisou de vários anos para se dar conta de que estava lidando com algo muito diferente do que havia previsto inicialmente. Talvez seja essa a razão para que tenham transcorrido seis anos até ele chegar à conclusão pessimista de que se tratava de um efeito da pulsão de morte. Portanto, não há nenhuma preconcepção ou petição de princípio.

Poderíamos pensar que Freud também tomou esse tempo para refletir sobre o assunto, embora nada indique isso num exame dos textos publicados entre 1914 e 1920. No entanto, durante esse período, vemos uma retomada da teoria no mais alto nível em *Ensaios de metapsicologia* (1915) e uma recapitulação do essencial, para o leitor leigo, em *Conferências introdutórias à psicanálise*. Até 1920, nada apontava para as ideias de *Além do princípio de prazer*. Foi, portanto, um avanço a partir de uma luz totalmente imprevista que o levou a uma nova ordenação dos conceitos norteadores. Em suma, um movimento "narcísico" que confere uma nova unidade aos elementos teóricos existentes.

Eu tenderia a atribuir um papel importante a dois acontecimentos. Em primeiro lugar, o grande massacre da Primeira Guerra Mundial, fonte inesgotável de reflexões que inspirou dois artigos[8] muito interessantes de Freud, mas nos quais seria inútil procurar uma alusão à pulsão de morte. O segundo, quase contemporâneo ao primeiro, diz respeito ao pensamento clínico abalado pela análise do Homem dos Lobos.

---

8 "La désillusion causée par la guerre" e "Notre rapport à la mort" (Freud, 1915/1988).

Ensaios de Metapsicologia também se encerra em 1915, com *Luto e melancolia*, cujas hipóteses iniciais serão submetidas, em 1923, a uma reinterpretação mais diretamente relacionada à pulsão de morte. Além disso, depois de *Além do princípio de prazer*, Freud passa a expressar, com frequência cada vez maior, sua convicção de que o homem traz consigo um componente de ódio, um pendor para a agressão e a destruição, logo, para a crueldade.

Assim, a reflexão sobre a cultura e a reavaliação da clínica andavam de mãos dadas no pensamento de Freud, deixando-o cada vez mais inquieto. Essas questões exigiam respostas tão radicais que ele parecia, desde o início, temer afirmá-las de uma forma muito enfática, como se lhe trouxessem o risco de afastar vários de seus discípulos. Num primeiro momento, ele expressou seus pensamentos minimizando sua importância, dando-lhes um *status* de preferência pessoal que ninguém deveria se sentir obrigado a compartilhar, mas rumou, depois, para a afirmação de uma certeza que nada poderia abalar.

Talvez tenha sido para evitar a rejeição e a incompreensão que Freud recusou-se a abrir os olhos para a análise do Homem dos Lobos (entre 1910 e 1912, a primeira redação datando de março a maio de 1914). O caso deve tê-lo incomodado a ponto de cegar seu juízo. Tanto mais que, focado na cena primitiva e desejando vencer Jung, ele provavelmente subestimou o alcance de outras descobertas que o surpreenderam. Como se não pudesse acreditar no que estava ouvindo, forçado a negar aquilo que o russo, um especialista em compulsão à repetição, possa lhe ter ensinado de novo. Posteriormente, Sergei Pankejeff pôde dar vários exemplos aos analistas que assumiram a sucessão de Freud. Eles não perceberam. E isso durou até sua morte. A peculiaridade de sua estrutura clínica escapou ao próprio Freud, que não conseguiu reconhecer que ela ilustrava uma variedade de organização masoquista que refletia uma forma de reação terapêutica negativa. Freud poderia ter se perguntado, já naquele momento, sobre a influência que aquilo que ele estava formulando como pulsão de morte podia exercer nesse destino. Mas a fatalidade desviou os golpes destinados ao paciente, e foi sua esposa – a infeliz Teresa, sobre quem Freud se equivocou grosseiramente – que se matou sem dar sinal nem atrair a menor atenção para suas ligações com a patologia do analisando de Freud.

Além disso, a redação de *Além do princípio de prazer* é contemporânea de *O estranho*, em que Freud (1919) fez alusão, pela primeira vez depois de 1914, à pulsão de morte. Não se pode imaginar dois escritos mais diferentes um do outro que *O estranho*, cujo material é amplamente inspirado na língua e na literatura e baseado fortemente no narcisismo, e *Além do princípio de prazer*, que nos faz mergulhar no mistério das origens da vida e avança de forma especulativa, mas no qual descobrimos apenas uma alusão discreta ao narcisismo. Essas novas ideias, que dão a impressão de querer mover montanhas, revolver oceanos e abalar os alicerces do psiquismo em suas profundezas, abandonam todo e qualquer recurso à noção de representação, ao ponto de até mesmo deixarem de nos dar uma imagem equivalente que a substituísse. Em vão, *Além do princípio de prazer* testemunha a desilusão quanto à crença no prazer como guia da vida e da construção do mundo psíquico. Rebeca terá de tirar o vestido[9] novamente, mas, desta feita, Freud quer ir ao essencial, ao mundo pulsional como tal e não aos "representantes" que permitem representá-lo.

Poderíamos nos limitar a apontar essas atitudes contraditórias ou destacar essas coincidências que demonstram um verdadeiro mal-estar durante esses anos. O que nos impede de fazê-lo, acima

---

9 Alusão ao abandono por Freud da teoria da sedução sob a forma popular e humorística que ele adotara: "Rebeca, tire o vestido, você não é mais noiva nenhuma" Cf. Freud (1887/1973b).

de tudo, é o firme propósito de Freud de não se contentar em lidar com esses problemas em níveis mais ou menos superficiais, por meio de uma reformulação teórica parcial. Provavelmente porque nenhuma solução nesse sentido o satisfizesse. Na verdade, o que ele anseia agora é uma reformulação que alcance os fundamentos da teoria, a única solução aceitável para Freud com o passar do tempo. No entanto, essas ideias de tamanha envergadura não parecem capazes de resolver os problemas que Freud encontra concernentes à técnica. É por esse motivo que ele parece preferir criar uma distração e esperar até que se sinta capaz de modificar a teoria imprimindo-lhe o novo sentido que deseja e, ao mesmo tempo, responder aos problemas da clínica. Assim, foi necessário esperar até 1923, com *O eu e o id*, para se ter uma visão geral da nova metapsicologia, que desemboca na criação da segunda tópica.

A menção à compulsão à repetição em *O estranho* e sua ausência na análise do Homem dos Lobos parecem fornecer duas indicações. A primeira é o fato de que Freud não "esqueceu" essa descoberta, que volta à tona em um texto. A segunda é que a omissão desta em um relato de caso detalhado parece supor alguma reserva em torná-la muito explícita antes de sua inclusão em um conjunto articulado. Veio então *O eu e o id*. Mais um período transcorreu até assistirmos ao coroamento de suas ideias com *O problema econômico do masoquismo*, em que o vemos decidido a afirmar suas hipóteses independentemente de quanto isso pudesse lhe custar. Coincidem, no ano de 1924, a resolução de Freud de afirmar suas ideias e os primeiros questionamentos aprofundados acerca da técnica psicanalítica (Ferenczi & Rank, 1924/1974).

Abre-se, então, o debate: os resultados insatisfatórios da análise dever-se-iam à técnica e à teoria de Freud ou àquilo que ele mesmo designou, um pouco mais tarde, como o papel dos obstáculos à cura, assinalando a influência deletéria da pulsão de morte, abertamente incriminada e responsabilizada? Sabemos o quanto os analistas tiram proveito da ideia de que a pulsão de morte é culpada, para justificar sem maior custo suas próprias falhas e limitações. Em minha opinião, eles dificilmente conseguiram demonstrar ter algo melhor para oferecer.

E é provavelmente aqui que devemos buscar o enigma da resistência provocada pelo recurso à pulsão de morte, um dos axiomas da vida pulsional, de acordo com Freud. O que constitui tanto a força como a fragilidade desse pensamento é que ele se propõe ao mesmo tempo *physis* e *psyche*, *alétheia e origem, movimento e causa do movimento, gerador e produto da geração, e que só assim pode ser entendido*. Demasiadamente visionário para médicos e fisiologistas, demasiadamente impuro para os filósofos, carne e espírito ao mesmo tempo, Eu e *Nós*. E todas essas contradições precisam ser acolhidas, quando redescobertas pela escuta do paciente e pela leitura dos colegas.

Haverá quem me diga que tudo tem um limite e que a era dos grandes sistemas chegou ao fim. Por que não aceitamos nos contentar com o Ser, a Linguagem ou a Relação? Não podemos fazê-lo porque nenhum desses termos tem significado fora de sua relação com os outros, e que talvez também tenhamos deixado escapar.

Na verdade, caberia ressaltar que Freud não adicionou mais um sistema à série existente, mas criou outro sistema a partir do que os precedentes não poderiam abranger. Por causa desses objetos definidos por sua própria exclusão, Freud se apropriou dessas pretensas questões obscuras para sustentar um discurso diferente de qualquer outro. Não se trata, portanto, de uma posição antissistêmica, facilidade à qual ele se recusava, e sim de propor um sistema interessado naquilo que os outros deixavam de lado, acabando mais cedo ou mais tarde por gerar impasses. Talvez esses mesmos impasses lhe tenham servido de portas de acesso à solução teórico--clínica que tanto teve dificuldade de encontrar.

É por essa razão que *Além do princípio de prazer* marcou um momento fecundo cuja composição precisaria ser compreendida *a posteriori*, seu equilíbrio interno teria de ser examinado e seus eixos estruturais buscados, com a atenção voltada para a combinação híbrida entre eles, levantando-se a questão – que a pulsão de morte trazia inevitavelmente – dos riscos de um colapso teórico, sem que fosse possível imaginar o que poderia ser reivindicado em substituição. *Além do princípio de prazer* foi uma solução provisória, da qual *O eu e o id* foi a realização completa. *Além do princípio de prazer* é o *a priori* visto *a posteriori*. Assim, seremos aqui movidos pelo pensamento, descobrindo quase sempre *a posteriori* o sentido, a função, a necessidade do que tal pensamento já concebeu anteriormente. Sua "superação atual" nos fará recuar até os limites de um realismo artificial que mais nos imobiliza do que nos liberta, uma vez que se alicerça num solo movediço.

Esse pensamento que cava mais fundo ao avançar ou que avança ao desbravar seria inteiramente sem precedentes? Não. Mas o que nos surpreende é que não solucionaremos essa questão interrogando os conteúdos que vieram logo antes dela. Como vimos, praticamente nada prenuncia a pulsão de morte. Então? Uma especulação sem origem? É antes um reencontro com origens esquecidas, mas que agora ressurgem sob uma outra luz para anunciar uma conclusão tida, em muitos casos, como inadmissível.

Assim, o postulado ao qual Freud nunca deixou de ser fiel e que, no entanto, requer ser questionado engloba implicitamente a morte em seu discurso e esconde seu rosto em nome de uma paz da alma que só existe como desejo ilusório. A amizade de Freud com Wilhelm Fliess, diante da clara resistência deste, talvez tenha obrigado o inventor da psicanálise a se contentar com fórmulas menos incômodas do que aquelas do *Projeto para uma psicologia científica*. A ele Freud se manteve silenciosamente fiel por quase quarenta anos (de 1895 a 1935). Faz-se necessário, por isso, voltar a esse texto.

Projeto para uma psicologia científica traz em sua introdução hipóteses que colocam em primeiro plano a ideia de que os processos psíquicos são quantitativamente determinados. A quantidade Q (quantidade externa) está sujeita às leis gerais do movimento. Um princípio fundamental diz respeito à atividade dos elementos constituintes da psique, um princípio que:

> [...] *prometia ser extremamente elucidativo, visto que parecia abranger toda a função [neuronal]*. Esse é o princípio de inércia neuronal: *os neurônios tendem a se livrar de Q. A estrutura e o desenvolvimento, bem como as funções dos neurônios, devem ser compreendidos com base nisso*. (Freud, 1895, p. 173)

O processo de descarga constitui a função primária do sistema nervoso. Esse funcionamento, contudo, não é compatível com as exigências da vida que, em certos casos, requerem uma retenção necessária ao funcionamento, por exemplo, a fome, a respiração, a sexualidade. "Em consequência, o sistema nervoso é obrigado a abandonar sua tendência original à inércia (isto é, a reduzir o nível de tensão a zero). Precisa tolerar [a manutenção de] um acúmulo de Q suficiente para satisfazer as exigências de uma ação específica" (p. 174). Isso explica o *"esforço para manter a quantidade no mais baixo nível possível"* (p. 174, grifos meus), sem eliminá-la. Trata-se do *efeito do princípio de constância*, função secundária imposta pelas exigências da vida.

De modo ideal, se isso fosse possível, as "necessidades internas" visariam a uma descarga completa, semelhante à fuga na função primária. Mas isso não é possível, e o ideal terá de se contentar, na impossibilidade de alcançar uma inércia que tornaria o sistema não estimulável, com uma constância que evitará os inconvenientes das variações de grande amplitude.[10]

Em termos mais correntes, a atividade neural é constituída por dois sistemas que obedecem a dois princípios. O primeiro, sujeito à função primária, possui a capacidade de descarga total, como sugere a atividade vital de relação do sistema nervoso central. Essa função é ativada toda vez que a atividade psíquica é confrontada com a necessidade de se livrar dos chamados estímulos nociceptivos, que supostamente revertem o sistema a um estado de não estimulação que lhe proporciona repouso. Porém, outro sistema acompanha o anterior: o denominado sistema autônomo (vegetativo), que não obedece ao mesmo princípio porque não possui a propriedade de se descarregar totalmente dos estímulos desagradáveis. Como esse sistema depende geralmente de outrem para reduzir a carga de estímulos que o coloca em estado de desprazer, e como a ação alheia não pode ser imediata, ele precisa suportar a tensão pelo menos durante algum tempo, mesmo que ela seja desagradável. Diferentemente do primeiro sistema, ele é regido pela função secundária, que torna indispensável a tolerância a algum estado de tensão até que esta possa ser descarregada mediante a ação específica realizada por outrem. É impressionante observar a analogia com as ideias atuais[11] de Gerald Edelman, que distingue o sistema do não si e o sistema do si (aos quais estão ligados os valores). Surge aqui um questionamento de suma importância, o postulado de identidade entre morte e repouso. Como aquilo que foi a justa busca por repouso se torna aspiração à morte? A pulsão

---

10 Realizamos um estudo exaustivo dessa questão em ocasião anterior (Green, 1983, pp. 84-89). O leitor interessado pode se reportar a esse estudo.
11 Cf. Edelman (1992, 2004), e também *Comment la matière devient conscience* (com efeito, o título original fala em "imaginação" – *A Universe of Consciousness: How Matter Becomes Imagination*), de Edelman e Totoni (2000).

de morte seria convocada para buscar o repouso ou para pôr fim ao ruído da vida?

Posteriormente à descoberta da psicanálise, Freud manteve um longo debate a respeito das relações entre o princípio de constância e o princípio de inércia. Mas aquilo a que continuava apegado, contudo, era a atividade que tem como meta eliminar a tensão interna produzida pelos estímulos. Isso explica, mais tarde, o renovado interesse pela questão, por intermédio de Barbara Low, cujo *princípio de Nirvana* retoma o tema do velho princípio de inércia de Freud e visa, também, à eliminação de qualquer tensão. Foi isso que Freud retomou em *Além do princípio de prazer*, concebendo, dessa vez explicitamente, a eliminação das tensões até alcançar morte, enquanto a união dos processos vitais aumenta o nível dessas tensões, cuja síntese precisa ser feita (final do Capítulo VI de *Além do princípio de prazer*). Assim é pavimentado o caminho que levará ao postulado da existência de pulsões de morte, em 1920. Para Freud, contudo, a pulsão de morte é *a primeira pulsão*, aquela que buscaria eliminar as tensões oriundas da introdução da vida na matéria inerte. A união de duas células ligadas pela "vida", isto é, a reprodução, continua sendo o modelo e resultará na ideia de pulsão de vida, uma vez que a sexualidade não é suficiente para responder a suas indagações.[12]

Em suma, a necessidade de ligação suplanta a busca de prazer. Se a pulsão sempre deve restabelecer um estado anterior, o que pensar do estado mais originário da vida que não foi aniquilado pelo retorno ao estado inanimado? Freud fez a passagem da noção de repetição para um termo considerado como equivalente: a reprodução. Assim, sua reflexão o levou a considerar um fenômeno que não encontra nenhum correspondente na vida psíquica

---

12 Freud relaciona o mito platônico ao dos upanixades, e depois aos seus equivalentes babilônicos.

de um indivíduo. A dimensão clínica é abandonada em favor de uma especulação biológica sem qualquer substrato no que chamamos de vida mental. O mito (Platão), aqui, nos diz mais do que a reflexão, talvez, pois se autoriza a abordar o que o pensamento filosófico não se permite. Deve-se relacionar isso com o preconceito de uma ficção eloquente, ou será a própria racionalidade que esconde em suas pregas os interditos de pensamento porque ainda não encontrou as ferramentas intelectuais necessárias para tratar a questão conceitualmente? Seria um caso particular da figurabilidade (Botella & Botella, 2001)?

Mas será que há tanta certeza de que nossa aspiração ao repouso é levada a tais extremos? Decerto, desde suas origens, a psicanálise encontrou essas orientações. E, *a posteriori*, o que é o recalque senão isso?[13]

Assim como Hamlet se pergunta *"To sleep, perchance to dream"*, diremos junto com ele: recalcar, mas como enfrentar o retorno do recalcado, pois quem pode prever o que ele será e como estaremos armados para enfrentá-lo? Essa paz tão arduamente alcançada enfrentaria o retorno de qual guerra? E quem pode afirmar que dela sairíamos realmente vencedores? Dispomos, sem dúvida, de uma grande reserva de racionalizações de pouca utilidade.

A repetição tornou-se a repetição de um modelo, o dos primórdios da origem da vida. Agora, a reflexão passa a se concentrar nas relações de ligação e desligamento, conceitos menos discutíveis, e nos motivos da impossível regressão até a morte. Não há clínica sem metapsicologia; não há metapsicologia sem identificação do que escapa totalmente à apreensão pela psicologia. Tudo aquilo

---

13 Cordelia Schmidt-Hellereau encontra no *Lete* (o rio do esquecimento) a metáfora da pulsão de morte. Não podemos concordar com essa hipótese que se presta à confusão, a nosso ver, entre recalque e pulsão de destruição. Cf. Schmidt-Hellereau (2000).

que está relacionado de perto ou de longe com a observação direta não tem nada a dizer a respeito. Nada é mais difícil do que a observação desses princípios, porque a experiência da transferência, fundamento do pensamento clínico, dificilmente resiste à sedução de um fato observável, esquecendo-se de que esse fato precisa ter sido concebido antes para depois ser pensável e observável.

A sexualidade e a morte são as duas invenções da espécie. Não é Freud quem diz isso, é François Jacob. Assim, o passo a ser dado na teoria psicanalítica consiste em passar da sexualidade a Eros (pulsões de vida ou de amor) e da morte à pulsão de morte.

Como sabemos, o que interessa ao psicanalista é a psicossexualidade. Mas em que consiste essa "psico" que designa o objeto do psicanalista? Em outras palavras, como a sexualidade do biólogo adota as características que a tornam psicossexualidade, isto é, sexualidade humana? Quanto à morte, até então nada destinava a psicanálise a levantar o mesmo problema. Freud havia deixado a filosofia tratar da morte, porém, eis que muda de ideia e retoma o que pensa lhe caber com a especulação da pulsão de morte. E para quem for absolutamente refratário ao assunto, convém refletir sobre o que diz respeito à morte na vida.

Então, já que apostamos no mito como ficção daquilo que é impensável pela razão, vamos extrair do texto freudiano o mito que nos auxiliará a pensar o impensável, reservando-nos o direito de desmantelá-lo em seguida, esperando alcançar maior clareza.

A montagem escamoteável do narcisismo

Em livro anterior, *Narcisismo de vida, narcisismo de morte*, assinalamos a singularidade do narcisismo na teoria. Ele ocupa um lugar que vai de uma ideia não teorizada à sua plena teorização em 1915, até seu desaparecimento, restando apenas menções intermitentes após 1920.

A explicação desse eclipse reside provavelmente no fato de que, para Freud, a última teoria das pulsões relativizava o interesse do conceito de narcisismo, suspeito de monismo pulsional. Com essa última teoria das pulsões, o dualismo readquiriu toda a sua importância, enquanto, depois de 1920, o narcisismo só aparece ocasionalmente, sem uma designação explícita do exato lugar que ocupa. Implicitamente presente desde a origem da psicanálise, ele é utilizado para caracterizar certas formas de neurose definidas tão somente por não serem analisáveis devido à qualidade intransferível da libido, que, supostamente, está fixada (estagnada) no Eu – as chamadas neuroses narcísicas. Foi plenamente desenvolvido, sem dúvida, após a apresentação do caso Schreber e, durante algum tempo, tornou-se uma ferramenta teórica de primeira ordem. O advento da última teoria das pulsões não permitiu ampliar o *status* teórico do narcisismo, uma vez que ela voltava a recorrer em larga medida ao dualismo pulsional a que Freud se mantinha apegado, embora dele tivesse se afastado temporariamente. Não havia muitas razões para rever e manter o narcisismo, precisamente porque Freud recriminava-se por refletir um ponto de vista monista, o qual, no momento em que se afastava de Jung, não faria senão permitir que pairasse sobre a teoria a sombra do dissidente que havia se posicionado contra o papel excessivo atribuído por Freud à vida pulsional. Assim, ele foi forçado a escolher entre renunciar ao narcisismo e propor uma mudança de *status* teórico. A primeira solução – a que foi adotada – não explica por que Freud se referia ao narcisismo de vez em quando, sem aprofundar o alcance e o significado do seu papel na nova teoria. Já a segunda posição não adquiriu uma forma consensual, pois nem Grünberger nem Kohut, apesar de avanços apreciáveis, tentaram efetivamente resolver este problema: *como fica a teoria do narcisismo em relação aos conceitos de pulsão de vida e de pulsão de morte que a ela sucedem?*

Foi então que propus, em 1983, distinguir no cerne da teoria freudiana tardia um narcisismo de vida, que se sobreporia de modo geral àquele descrito por Freud em 1914, de um *narcisismo de morte*. Enquanto o primeiro visa à unidade do Eu e exerce uma função objetalizante, o segundo expressa a tendência a atingir o grau zero da excitação, estando a serviço de uma função desobjetalizante, atividade sob o domínio da pulsão de morte.

Cabe apresentar um último argumento. A intervenção de um narcisismo agente de unificação não seria um obstáculo ao acesso a um inconsciente recalcado que, por definição, põe em xeque a unidade do Eu que tende a negá-lo? Prefiro a solução de um narcisismo de duas faces, à imagem de Jano, divindade bifronte. O primeiro motivo é o fato de que essa solução não é absolutamente obstáculo ao princípio teórico de um Eu dividido, mesmo que uma parte dele busque a unificação. Ela remete justamente a um antagonismo vida/não vida e até mesmo, de modo mais radical, contrapõe uma forma totalizante a uma forma dispersante, resultado de uma fragmentação. O narcisismo, de fato, está condenado, devido à sua fragilidade, à ameaça permanente de despedaçamento. Esse aspecto estava implícito no narcisismo unificador de 1913, uma vez que as elaborações de Freud já destacavam essa tendência à divisão (síndrome de influência e delírio de vigilância). O que não era mais do que uma potencialidade se converteria, na minha visão, numa tentação permanente. Em certas configurações clínicas, o narcisismo deixa de representar uma ameaça para constituir-se em meta essencial de uma vocação aniquiladora; para melhor diferenciá-lo do anterior, nós o denominamos *narcisismo negativo*, provavelmente uma das formas mais devastadoras da pulsão de morte.

O narcisismo esmorece, então, após 1920. Chegamos ao ponto em que nos parecia que somente o recurso ao mito poderia nos socorrer. Ora, esse mito já estava à nossa disposição, bastando-nos extraí-lo das linhas diretrizes do texto. Não que nos tenha faltado a mitologia clássica. O mito de Sísifo era uma espécie de ilustração da compulsão à repetição, e o de Aristófanes, em *O banquete*, de Platão, citado por Freud em *Além do princípio de prazer*, fornecia uma narrativa lendária muito próxima do pensamento psicanalítico acerca da diferença dos sexos em suas relações com os tipos de escolha sexual.

Freud considerava-se um mitólogo ("a teoria das pulsões é nossa mitologia"). Mas ele era, ao mesmo tempo, um inventor de mitos e intérprete do sentido deles. Quando abordava os conteúdos mais especulativos de suas teorias e se sentia incapaz de continuar falando a linguagem da ciência – apesar de ser a única que ele considerava válida –, ele se permitia fazer uma incursão fora da ciência para tentar transmitir algo que se revelava refratário à expressão pelo discurso científico.

> *Na atual penumbra em que se acha a teoria das pulsões, não convém rejeitar qualquer ideia que prometa alguma luz. Partimos da grande oposição entre pulsões de vida e pulsões de morte. O próprio amor objetal nos mostra uma segunda oposição como essa, aquela entre o amor (ternura) e o ódio (agressão). Se conseguíssemos relacionar essas duas polaridades, fazer uma remontar à outra! Há muito reconhecemos um componente sádico na pulsão sexual; ele pode, como sabemos, tornar-se autônomo e, como perversão, dominar toda a tendência sexual da pessoa [...]. Mas como pode a pulsão sádica, que visa a ferir o objeto, ser derivada do Eros conservador da vida? Não caberia supor que*

> *esse sadismo é na verdade uma pulsão de morte que foi repelida do Eu pela influência da libido narcísica, de modo que surge apenas em relação ao objeto? Então ele se coloca a serviço da função sexual; no estágio oral da organização da libido, a dominação amorosa ainda coincide com a aniquilação do objeto, depois a pulsão sádica se separa e, enfim, no estágio da primazia genital, para fins de reprodução, assume a função de subjugar o objeto sexual até o ponto exigido para a realização do ato sexual. Poderíamos dizer, na verdade, que o sadismo expulso do Eu mostrou o caminho aos componentes libidinais da pulsão sexual; depois estes acorrem para o objeto. Quando o sadismo original não experimenta atenuação ou fusão, produz-se a conhecida ambivalência de amor e ódio na vida amorosa. (Freud, 1920, p. 164)*

Que acrobacia conceitual impressionante! Analisemos detalhadamente:

I. *Os postulados*: pulsões de vida e de morte; libido narcísica e libido objetal, as fases desta última e suas metas.

II. *Os principais movimentos*:
1. Sadismo originário (não intricado); pulsão de morte.
2. Investimento do Eu pelas pulsões de vida: narcisismo primário (investimento e não pulsão).
3. Expulsão do sadismo originário pela libido narcísica, resíduo masoquista primário.

4. Fonte narcísica objetal e desenvolvimento da libido objetal:
   a) fase oral; aniquilamento do objeto (consumo);
   b) separação (sem especificação: analidade?);
   c) fase do primado genital; domínio do objeto sexual;
   d) expulsão narcísica, indicando o caminho a seguir até o objeto;
   e) intricação entre pulsão de vida-pulsão de morte.

III. *Os resultados da intricação*, ambivalência amor-ódio.

A respeito dessas figuras do mito que reúne e opõe os protagonistas, Freud descreve combinações de pulsões de vida ou de morte, narcísicas e de objetalização. Detenhamo-nos por um momento numa questão levantada por Freud: como é possível que Eros, provisoriamente vencedor da morte, possa resistir ao movimento subsequente do retorno ao estado anterior que, ao danificar o objeto, devolveria à compulsão de morte o seu lugar? Assinalemos que a construção freudiana nos obriga ao retorno ao estado de morte – a menos que se imagine um tempo em que Eros resiste, opondo-se à sua aniquilação. À tentativa de restabelecer as forças de morte, Freud opõe uma contraofensiva vital decisiva. Sucumbindo às investidas do sadismo originário, as forças que querem despojar a vida de sua frágil conquista batem em retirada sob o efeito da mobilização da libido narcísica, que quer se manter e recusa-se a desaparecer. Pode-se ver nisso apenas um subterfúgio de Freud para corrigir um passo mal dado. Mas, se refletirmos sobre todo o trecho, observamos que, naquele momento, o sadismo originário *adianta-se* ao masoquismo originário. Freud ainda não havia adotado a ideia de que a agressividade não era senão o resultado da parte projetada da pulsão de morte. Os fragmentos não projetados e retidos no Eu constituem a essência da pulsão de morte, expressa sob a forma do masoquismo. Mais tarde, o trabalho endógeno da morte terá nele sua origem.

No que diz respeito ao sadismo originário, Freud considera que sua finalidade é danificar o objeto. Encontram-se então reunidos, pela primeira vez, pulsão de destruição e objeto. Não obstante, creio que se Freud precisa considerar a intervenção da libido narcísica é porque o objeto – logo, a libido objetal – ainda não é identificável como tal. Somente o é sob uma forma pulsional que se pretende indestrutível. A destrutividade manifesta-se, antes de mais nada, contra aquilo que conseguiu se organizar: a libido narcísica que, hoje, alguns chamariam de *self*. Em última análise, se Freud chama a atenção para ela é porque somente ela apresenta um esboço de organização. A libido objetal, ao mesmo tempo que permanece em estado de meta, ainda não pode nem traçar a forma do objeto, nem defender sua autonomia, nem definir seu modo de funcionamento. Em outras palavras, Freud postula uma *sucessão ontogenética*: libido narcísica, libido objetal. A libido narcísica é mais antiga que a libido objetal. O narcisismo aparece como o núcleo mais central das pulsões de vida, como o eixo de sustentação de todo o edifício futuro do Eu, o único capaz de exercer, naquele momento, uma resistência organizada às pulsões de morte, embora se deva dizer que esse núcleo central também é vulnerável.

Uma sinistra confirmação dessa ideia: antes de conceberem os campos de extermínio, os nazistas já tinham dado início à destruição dos judeus por métodos artesanais. Assim, estes eram embarcados em caminhões e asfixiados a gás. No momento em que sentiam suas vidas ameaçadas, os judeus, em pânico, corriam para a saída na parte de trás do caminhão, pisoteando tudo o que impedisse a passagem, caminhando sobre os corpos dos entes mais queridos que os acompanhavam. Não resta dúvida de que esse pânico os fazia perder a consciência de suas reações, as quais, se assim não fosse, seriam moduladas pelo desejo de poupar os seus. Decerto, mas o fato é que o desejo de salvar suas vidas os levou a ignorar que se convertiam nos algozes involuntários de seus próprios filhos.

Trata-se de uma contradição aparentemente insolúvel, mas indispensável, se lembrarmos que a natureza narcísica da libido é responsável por isso quando privada do complemento da libido objetal. O que corresponde perfeitamente às ideias de Freud no que diz respeito às estruturas narcísicas: autossuficientes e, por isso mesmo, debilitadas pela ausência de libido objetal, que só entra em jogo num segundo tempo. Fundadora da organização do Eu, ela se mostra especialmente frágil em caso de perda libidinal. Pensemos na neurose narcísica por excelência: a melancolia.

O investimento quase exclusivo, então, é o do "complemento libidinal das pulsões de autoconservação".[14] Para garantir a sobrevivência da pulsão de vida, a resistência organiza-se em torno do complemento libidinal das pulsões de autoconservação. Em síntese, a luta pela vida se apoia no narcisismo que é amor e unidade de si, ele mesmo oriundo, por sua vez, de um alicerce do autoerotismo que mantém suas aquisições tentando "perseverar em seu ser".[15]

Consequentemente, esse investimento poderá dar origem ao compromisso de um corpo (narcísico) em luta contra as pulsões de morte ameaçadoras. *Talvez seja isso que constitui a base das estruturas psicossomáticas.* Todo-poderoso e vulnerável narcisismo: estado de um corpo bastião, refúgio onde se instala a vida, mas que, não obstante, padece de uma carência da libido objetal que poderia consolidar sua feitura. O prodigioso para-vento está formado e

---

14 Definição do narcisismo apresentada por Freud.
15 Hoje, insistiríamos no papel do objeto nessa transformação. Tal argumento nada muda, em nossa opinião, na construção freudiana.

parece indefectível, mas, se vier a fissurar, a estrutura psíquica se torna apenas uma fachada, uma aparência, deixando transparecer sua fragilidade.

Freud chega a uma conclusão radical: ter de admitir que o único amor verdadeiro é o amor objetal. O amor de si por si mesmo, no narcisismo, é somente um refúgio que certamente pode garantir ao Eu um socorro provisório, parcial e temporário, mas é somente uma fachada. A estrutura psíquica está exposta ao perigo da ilusão, e, no entanto, de outro ponto de vista, a ilusão lhe é necessária para ajudá-la a se manter num nível de atividade suficiente e a alimentar a autoestima. *Eu narcísico purificado, mas, também, Eu muito vulnerável.*

Narcisismo, entrada em jogo do amor a si mesmo em caso de ameaça mortal. Narcisismo, suporte da ilusão: narcisismo que sustenta o Ideal do Eu. Libido narcísica ou primária antiobjetal e *ante*objetal.

Palavras infalíveis em brigas entre amantes: "Você não me ama, só ama a você mesmo". Resposta: "Você parece amar, mas é para receber de volta o que você apenas empresta. Você ama somente para ser amado(a)". Certos autores (Lacan) defenderam que o fundamento do amor não é outro senão narcísico. Também não surpreende que invoquem a impossibilidade de ir além do ódio (*hainemoration* ou *amódio*).

Que a discussão seja aprofundada em qualquer direção, chegamos ao fundo quando percebemos que as limitações narcísicas do amor objetal estão comprometidas com o ódio. Uma única solução para quem não é místico: intricar.

O narcisismo *repele* a morte, desaloja, persegue e assedia a pulsão de morte, que parte em busca da conquista desta primeira forma de ocupação (de investimento) do Eu que quer garantir a manutenção de Eros contra a força atuante pelo seu retorno ao estado anterior, ao inanimado. Finda essa batalha, a libido sexual objetal poderá seguir seu ciclo: oral, depois genital. Aqui, um "esquecimento" de Freud. Ele pula a fase anal, apesar de ter sido o primeiro a apontar sua estreita relação com o sadismo, desde o Homem dos Ratos. Talvez por não ter conseguido perceber que ali estava o elo perdido entre a libido narcísica e a libido objetal *exteriorizada* no controle esfincteriano, que deve renunciar à dominação *ambivalente* exercida sobre o objeto (Green, 2002). Freud nada diz, tampouco, sobre a fase fálica.

O importante, apesar desse ponto cego, é o papel que Freud atribuiu ao narcisismo: o de uma estrutura de sustentação contra as investidas da pulsão de morte, que não teve mais serventia posteriormente, uma vez que as pulsões de vida e as pulsões de morte dividem entre elas o campo de batalha.

Freud traz à baila, pela primeira vez, a estreita relação entre pulsão de vida (ou de amor), conservação do Eu e do objeto e, por último, os avatares dos investimentos objetais que têm como pano de fundo a preocupação maior de proteger o objeto em suas peripécias ao longo do tempo.

Compreendemos, então, o desvio de rumo pós-freudiano que parece interessar-se somente pela relação objetal, quando, na verdade, o que está em vista é a proteção a todo custo do objeto como manifestação das pulsões de vida e de amor. Ao fim e ao cabo, é o amor objetal que precisa ser salvo a todo custo pela *supremacia das pulsões de vida e de amor*. Vale ressaltar que *não há nenhuma remissão à psicologia, à observação da relação mãe-filho, a abordagens desenvolvimentais*. Trata-se mesmo de metapsicologia, melhor dizendo, de uma nova metapsicologia. Para distinguir essa nova metapsicologia daquela de 1915, proponho chamá-la de "última metapsicologia", por analogia à "última teoria das pulsões".

Portanto, é a esse narcisismo como *apoio* que devemos prestar a atenção para evitarmos dois erros. O primeiro erro reside em negar a existência do narcisismo em proveito de uma relação objetal primordial e imediata. O segundo consiste em lhe atribuir um papel que nos dispensaria de examinar como a última teoria das pulsões possibilita desmontar as estruturas para que possam ser observadas as mudanças que podem ser inferidas por meio das transformações objetais. Tampouco se deve acreditar que tudo já foi dito. Freud ainda precisa retocar os principais conceitos que compõem as visões panorâmicas, mitológicas, que ele propõe, a fim de integrá-los à teoria.

Quando Freud avança em sua argumentação, restam cara a cara apenas as pulsões de vida e as pulsões de morte. O narcisismo *agora incorporado às pulsões de vida* saiu de cena. Freud dá vazão, então, a um *après-coup* teórico notável. Não apresentando nenhuma ideia nova, ele reinterpreta aquelas que havia defendido anteriormente.

À fase oral ele atrela o *aniquilamento* do objeto. Essa destruição total não comporta nenhuma agressividade particular. Ela é consequência do *consumo* do objeto, ponto de vista já defendido por Ferenczi antes que o próprio Freud o adotasse. A separação subsequente me parece resultar da distinção progressiva entre a libido narcísica e a libido objetal, como nos mostra a analidade. Freud não faz alusão a ela. É inevitável pensar na analidade face ao surgimento dos conflitos entre expulsão e retenção, a manifestação clinicamente atestável das relações entre a agressividade da sexualidade infantil (fase sádico-anal) e o desprendimento das fezes, doação destas para a mãe na aquisição do controle esfincteriano. Ademais, o objeto anal é preciosamente guardado quando é interno e sofre repulsa quando consegue ser expulso. Como é possível que Freud o tenha esquecido, assim como a fase fálica com seu componente agressivo dominante?

Ele chega, então, à fase do primado do genital, que envolve diretamente o objeto. A agressividade é detectada nessa fase por meio do desejo de dominar o objeto sexual – dominação às vezes mais simbólica do que real – para demonstrar a supremacia do másculo. É nesse momento que Freud dá continuidade à sua especulação anterior. A direção tomada pelas pulsões de vida apenas segue a indicação do narcisismo, que expulsou do Eu as pulsões de destruição. Desse momento em diante, são a busca e os investimentos de objeto que mostram o caminho para a libido objetal. O Eu deixa de ser o centro de interesse prioritário para vencer a morte. É o objeto que ocupa este lugar, embora afetado pela ambivalência. Observação imprescindível: *o amor objetal se torna a aspiração fundamental*. Uma vez assegurada a sobrevivência e estabelecidos os fundamentos do Eu, o amor objetal se torna o objetivo das pulsões de vida, provavelmente porque a aspiração da libido, a fusão com outro objeto, é o que melhor expressa a vocação das pulsões de vida. E também, sem dúvida, porque as formas de aniquilamento do objeto e a troca entre o Eu e o objeto dão um sentido à evolução libidinal. As pulsões de vida não dependem mais somente de uma meta pulsional, tornando-se, também, dependentes de uma relação com o outro enquanto outro e enquanto complemento de objeto. Subsistem, contudo, as duas forças em confronto, mantendo-se a ambivalência. Freud nunca postulou um além da ambivalência, ou melhor, um *além das pulsões de vida e de morte*. Para desgosto dos idealistas.

A falsa simetria do sadomasoquismo

As iniciais S.M. converteram-se na sigla usada hoje para designar o sadomasoquismo. É preciso remontar muito atrás na obra de Freud para encontrar o rastro dessa junção de um par contrastante. A associação existe desde os *Três ensaios sobre a teoria da sexualidade*: "O sadismo e o masoquismo ocupam, entre as outras perversões, um lugar especial. A atividade e a passividade que formam as suas características fundamentais e opostas são constitutivas da vida sexual em geral" (Freud, 1905/1987).

Na edição de 1924, contudo, Freud acrescenta uma nota que põe fim a essa falsa simetria, explicando que agora concebe a existência de um masoquismo *primário erógeno*: "[...] do retorno do sadismo à própria pessoa, produz-se um *masoquismo secundário*, que se soma ao masoquismo primário" (p. 70n1).

Vemos, então, que o par de opostos sadismo-masoquismo não é mais concebível dessa forma. Antes desse acréscimo, a *Metapsicologia* de 1915 retoma essa junção de 1905. A última teoria das pulsões (1920) considera separadamente o sadismo originário e o masoquismo primário, ao qual é reservado um tratamento especial em *O problema econômico do masoquismo* (Freud, 1924/1992b). Já mostramos como os ataques do sadismo originário incidem na primeira organização das pulsões de vida: o narcisismo. O que sobreviveu aos ataques e não foi dirigido para fora sob forma de agressividade permanece no Eu e constitui um resíduo mortífero que será o suporte, ao longo da vida, das tendências autodestrutivas do indivíduo. Freud esclarece: "Assim, o masoquismo aparece-nos à luz de um grande perigo, o que de modo algum procede para seu correspondente, o sadismo" (Freud, 1924, p. 82). Em outras palavras, o sadismo mata o outro e o masoquismo mata o sujeito. Essa é a razão da reiterada afirmação de que o princípio de prazer é também o guardião da vida, não somente do psiquismo. Freud descarta uma ideia antiga segundo a qual o desprazer correspondia a um estado de tensão e o prazer, à distensão. De agora em diante, o fator qualitativo é reconsiderado: existem tensões prazerosas e distensões desprazerosas. Freud (1924, p. 83) define, então, a função dos três princípios: o princípio de Nirvana, ligado à morte; o princípio de prazer, à reivindicação da libido; o princípio de realidade, ao mundo externo. "Nenhum desses três princípios é realmente colocado fora de ação por outro." Deixaremos de lado a parte em que Freud apresenta exemplos do masoquismo supostamente feminino, e tampouco nos debruçaremos sobre as formas do masoquismo originário, feminino e moral. Em *O problema econômico do masoquismo*, Freud reitera e explica seu raciocínio:

> *Depois que sua parte principal foi transposta para fora, para os objetos, permanece no interior, como seu resíduo, o masoquismo erógeno propriamente dito, que, por um lado, tornou-se componente da libido, e, por outro lado, ainda tem seu próprio ser como objeto. Esse masoquismo, então, seria prova e remanescente da fase de formação em que sucedeu o amálgama, tão importante para a vida, da pulsão de morte e de Eros. (Freud, 1924, p. 85)*

Ele acrescenta que o sadismo projetado para fora "pode ser novamente introjetado, voltado para dentro, desse modo regredindo à sua situação anterior" (p. 85). Freud denomina esse movimento de "masoquismo secundário, que é acrescentado ao masoquismo originário".

Percebe-se a diferença entre a versão de 1920, em *Além do princípio de prazer*, e a versão de 1924. Em 1920, dá-se ênfase ao sadismo originário, efeito da pulsão destrutiva – a primeira pulsão – que busca destruir os rudimentos de narcisismo de Eros estabelecido no próprio corpo. O resíduo da pulsão de morte que não pôde ser evacuado constitui o potencial de autodestruição que ameaça o indivíduo. Em 1924, é a vez do masoquismo originário ser considerado prioritário. É verdade que Freud lembra que "o sadismo originário é idêntico ao masoquismo". Mas sua primeira preocupação aqui é com o masoquismo originário primário, que poderá gerar posteriormente um masoquismo secundário reintrojetado, trazido de volta para dentro. Poderíamos esquematizar assim:

Sadismo originário = masoquismo originário (primário)
→ expulsão – resíduo mortífero → projeção reintrojetada –
masoquismo secundário.

Vemos que os destinos do sadismo e do masoquismo são diferentes. A simetria do originário é desfeita, mas os efeitos do masoquismo primário são uma perigosa ameaça não somente para a vida psíquica, mas também para a sobrevivência do indivíduo. Freud termina afirmando que "a própria destruição de si mesmo pelo indivíduo não pode se realizar sem uma satisfação libidinal" (Freud, 1924, p. 88). A autodestruição está presa a Eros e dele não pode se libertar. Surge aqui a difícil questão da renúncia pulsional que Freud esmiuçará em *O mal-estar na civilização*. O originário – sadismo ou masoquismo – é o efeito das pulsões de destruição ou de morte. Tanto o sadismo como o masoquismo têm Eros como adversário comum, ao qual poderão se aliar futuramente.

Refundações, avanços, transposições

O que fez Freud após *Além do princípio de prazer*? Em primeiro lugar, ele mudou de foco. Conduziu-nos até as profundezas da organização biológica para desembocar em um mito psicanalítico. Dali em diante, ainda não tendo conseguido cumprir seu planejamento, mudou de rumo. Veio então *Psicologia das massas e análise do Eu*, em que, surpreendentemente, nenhuma alusão é feita à pulsão de morte, embora o pensamento antecipatório de Freud o tenha levado a descrever, inconscientemente, a ascensão e a estrutura do nazismo. Já se delineia seu interesse pelos fenômenos de grupo, pelo pensamento coletivo e pelo papel do outro na vida psíquica. Depois de mais um tempo de trégua, vem finalmente *O Eu e o Id*, como refundação dos teoremas e apresentação da nova metapsicologia. Sem nos demorarmos, destacamos apenas os aspectos inovadores.

I. A base do psiquismo – o Id, passando pelas seguintes etapas:

1. Rejeição do inconsciente, substituição pelo Id. Isso quer dizer a superação da concepção do Inconsciente como sistema, em proveito do Id. *Em relação ao Id, não é feita nenhuma menção ao conceito de representação, nem mesmo inconsciente.*

2. O componente fundamental do psiquismo é a moção pulsional (Green, 2006b).

3. O dualismo pulsional divide-se entre pulsões de vida ou de amor e pulsões de morte ou de destruição, ocasionando tensão ou descarga.

II. O Eu

Agora, a maior parte das defesas que emanam do Eu é *inconsciente*. Sua principal expressão é a identificação. Dele dependem também o sistema perceptivo e o desencadeamento da angústia.

III. O Supereu

Recém-chegado no sistema, produto de uma clivagem no Eu, dividido entre Supereu e ideal do Eu. O Supereu se constitui por identificação com o Supereu *dos pais*. Instaura-se um novo mecanismo ligado à virtualidade. Não uma relação de objeto, mas uma relação com o objeto (ausente) do objeto. O Supereu finca suas raízes no Id, pode ser modificado pela regressão. Como o Id, ele pode conter uma parte destrutiva e uma parte de amor, uma em conflito com a outra.

A introdução do Supereu é revolucionária. Ela marca o impacto dos processos culturais sobre o aparelho psíquico, efeito dos processos edípicos e grupais, mais além da conflituosidade individual. O Supereu condena os desejos proibidos, principalmente os desejos incestuosos (de amor) ou parricidas (de morte).[16] Como esses são desejos inconscientes, o Supereu provoca um sentimento de culpa, que Freud prefere chamar de consciência de culpa, ou melhor, necessidade de autopunição. A intricação da pulsão de morte com a função sexual (parte das pulsões de vida) dá origem ao masoquismo originário, que se divide em várias formas (erógeno, feminino, moral).

Uma modificação importante: *agora, o masoquismo vem primeiro, é a expressão central da pulsão de morte*; a agressão é apenas a parte *projetada para fora* (de acordo com o modelo da libido narcísica que expulsa o sadismo originário). Assim, a pulsão de morte, refugiada no Eu, não pode ser diretamente combatida.

---

16 Deixamos de lado as diferenças entre as duas formas edipianas de menino e menina, ou mesmo os complexos de Édipo positivo e negativo, por causa da nossa formulação. O problema merece ser esmiuçado. Por exemplo, parricídio e matricídio não são equivalentes. Um é punido pela castração, o outro, pela loucura.

Somente suas formas intricadas poderão se prestar a uma análise, que, numa evolução bem-sucedida, levará à sua dissolução ou à sua integração ao Eu. A prova do sucesso relativo dessa operação é a existência da reação terapêutica negativa. No meu modo de ver, foi esse o argumento decisivo que deve ter levado Freud a passar da opinião à certeza quanto à pulsão de morte. Argumento não somente clínico, mas também metapsicológico. É possível sustentar que *Análise terminável e interminável* é integralmente dedicado a essa questão. Vale acrescentar, contudo, que os argumentos de Freud são menos decisivos do que ele pensa, porque outras técnicas além da sua podem, às vezes, levar a resultados melhores. Nada de otimismo ilusório, o problema levantado por Freud não é um artefato e permanece intacto ainda hoje.

O Eu e o Id foi mais bem recebido pela comunidade analítica do que *Além do princípio de prazer*, apesar de algumas reservas: "Sim, mas sem a pulsão de morte" – verdadeiro sabotador da autoconfiança do analista. Os analistas derramam lágrimas pela época em que dispunham de uma primeira tópica muito cômoda: nada poderia substituir a tríade inconsciente – pré-consciente – consciente. Ademais, se o Eu é inconsciente de suas próprias resistências, em que se fiar? O Supereu é, sem dúvida, muito útil, mas seria entendido, na maioria das vezes, como efeito da relação com os pais. De modo geral, a comunidade psicanalítica parece pensar: "Mais um esforço, e nos tornaremos realmente analistas, quando nos livramos desses vapores de metafísica!". Pobres especuladores de uma realidade simplificada e ingênua. Freud luta e prossegue. Seu projeto precisa ser concluído. Ele volta ao complexo de Édipo – finalmente teorizado, o que não poderia ser feito antes de *Totem e tabu* –, aprofunda seus fundamentos, reflete sobre o seu destino e até mesmo sobre o seu declínio. Por certo, ele finalmente abordou a relação da teoria com algumas questões clínicas, como a consciência de culpa, agora compreensível graças ao Supereu. Assim, foi em 1924, com *O problema econômico do masoquismo*, que ele chegou ao final de uma reflexão iniciada em 1895. Depois de Sabina Spielrein e Barbara Low, Freud classificou os princípios do funcionamento psíquico de acordo com três eixos:

I. Princípio de Nirvana de Barbara Low, tendência a reduzir a zero a excitação libidinal (Nirvana). Deve ser relacionado com a pulsão de morte, *sem ser acessível à investigação psíquica do indivíduo*. Está ligado ao antigo princípio de inércia de 1895 e à hipótese da pulsão de morte em *Além do princípio de prazer*.

II. Modificação do princípio anterior *nos seres vivos* e sua substituição pelo princípio de prazer, que remete ao antigo princípio de constância, acessível à investigação clínica.

III. Nova modificação do princípio anterior presente nos seres vivos mais complexos, sob a influência da realidade. O princípio de realidade, salvaguarda do princípio de prazer. Causa de frustração, mas condição da vida psíquica viável.

Essa nova classificação explica o fato de que nós, seres humanos, lidamos com o par princípio de prazer-princípio de realidade. Mas as sequelas provocadas pela pulsão de morte obrigam Freud a conceber o papel silencioso e infinitamente perigoso desta, o qual, segundo ele, jamais pode ser diretamente constatável[17] em estado puro. A relação fundamental entre as pulsões de vida e as pulsões de morte consiste em sua presença em estado *intricado* ou como resultado de uma desintricação, isto é, unidas ou desunidas. Assim, podem se tornar inteligíveis os três aspectos que Freud considera exemplares: a consciência de culpa, o masoquismo, a reação terapêutica negativa.

---

17 Com algumas exceções.

Compreendemos agora a vantagem do recurso ao mito. Pelo distanciamento que possibilitou e pelas especulações que conseguiu articular, ele abriu um caminho para a clínica. O mito forneceu uma primeira visão que parte da biologia e, pelo desenvolvimento de recursos próprios (psíquicos) chega à evolução individual, possivelmente a partir do complexo de Édipo, que não é redutível a uma abordagem desenvolvimentista individual. *Totem e tabu* nos aponta um caminho antropológico.

Freud pensava ter cumprido seu projeto de 1920. Pode ser, mas 1921 despontou no horizonte: *Psicologia das massas e análise do Eu* convoca uma exploração de outra ordem. As pulsões de vida e as pulsões de morte continuam desempenhando seu papel, mas, dessa vez, *num nível diferente*, antropológico. Mais uma vez, o mito dá sua contribuição para a exploração desse campo.

O retorno ao mito é, portanto, o retorno a um estado originário do pensamento que pode seguir dois caminhos: o caminho biológico, que levará ao coroamento da sexualidade infantil, e o caminho antropológico, que conduzirá à teorização dos grupos e da cultura. Restava, assim, refletir a respeito em *O mal-estar na civilização* e, por último, em *Moisés e o monoteísmo*, a derradeira palavra de sua obra. Aqui, fazia-se necessário recorrer à clínica, mas sem se submeter a ela, e ter a coragem de levar adiante a especulação, desbravando novos campos de conhecimento. Sem a criação do Supereu certamente nada teria sido possível. Seria necessário ainda levar adiante a teoria do Supereu até a aventura da pulsão de morte.

O valor clínico das questões levantadas por Freud já em 1920 e sua relação com a *Metapsicologia* de 1915 estão hoje resolvidos, embora grassem algumas querelas no meio psicanalítico sobre a validade das explicações do fundador da teoria psicanalítica. Falta-nos lembrar as revisões feitas por Freud de dois de seus postulados. O primeiro postulado liga o desprazer a um excesso de tensões que não podem ser descarregadas nem recalcadas. Ora, em 1924, Freud reconhece a existência de tensões prazerosas e de distensões desprazerosas. Desse momento em diante, a qualidade traz um problema independente de sua relação com a quantidade. O segundo postulado é a descoberta da clivagem, no artigo de 1927 que versa sobre o fetichismo, com a evidenciação de um processo de *desmentida* que cliva o Eu da criança quando este se recusa a optar pela fantasia ou pela realidade, isto é, quando adota uma solução que contribui para cindi-lo. Freud admite a coexistência dessas duas respostas contraditórias – sim e não ao mesmo tempo – que abrem uma brecha definitiva na unidade do Eu, cuja intervenção nas estruturas não neuróticas, principalmente perversas e psicóticas, é patente.

Pode-se dizer que, em 1929, o projeto de 1920 é concluído. No entanto, Freud não para por ali. Ele se lembra de que a referência à ação das pulsões não pode se limitar a uma abordagem estritamente individual ou familiar (edípica). Já em 1929, ele inaugura um novo campo de investigação que culminará, em 1930, em seu trabalho decisivo: *O mal-estar na civilização*.

Freud transpõe seu campo de investigação para a sociedade e vê ali o terreno de eleição da pulsão de morte. De fato, a cultura só pode assentar suas bases na renúncia pulsional. O sacrifício consentido por esse abandono, longe de contentar-se em produzir efeitos compensatórios de ordem narcísica, suscita, em retorno, uma reação de protesto contra essa renúncia. O campo da cultura converte-se na arena onde se desenvolvem os efeitos mais destrutivos da pulsão de morte. Laurence Kahn (2005) reconheceu toda a importância dessa evolução, e não é mera coincidência o fato de estar entre os raros autores que compreendem a necessidade do conceito de pulsão de morte. Nathalie Zaltzman e Jean-Luc

Donnet também abordaram as consequências dessa "transferência" de Freud (Donnet & Zaltzman, 2003).

A obra freudiana se encerra com o parricídio de Moisés, mas, estranhamente, Freud transmite ali uma última mensagem em que se junta aquilo que pode ser relacionado aos efeitos da pulsão de morte tanto no plano individual como no plano coletivo, embora *não diga uma palavra a respeito*. Ele cala esse conceito. Não penso que tenha hesitado em considerar essa hipótese. Em contrapartida, acredito que o futuro da teoria psicanalítica o preocupava, a ponto de fazê-lo não dizer o que pensava. Freud aceitava assumir riscos junto ao público, mas talvez temesse a rejeição por alguns de seus pares.[18]

Conclusão

A transcendência em Freud

Freud, autor antifilosófico, mas filósofo mesmo sem querer, levanta a questão da existência de uma polaridade transcendental em sua obra. Não há dúvida de que não gostaria de se ter reconhecido nela. Afinal, ele não expressou seu pensamento de forma suficientemente clara, em 1933, a respeito da *Weltanschauung*? A ciência,

---

[18] Um indício que sustenta essa ideia pode ser encontrado em *Correspondance complète Freud-Abraham*. Freud confirma que ele e Abraham sempre se deram perfeitamente bem; Abraham recebe regularmente todos os manuscritos de Freud. Na leitura dessa correspondência, notamos que Abraham reage muito positivamente à publicação de *O estranho* e faz muitos comentários interessantes sobre *Psicologia das massas*. São as obras que precedem e seguem imediatamente *Além do princípio do prazer*. Abraham confirma ter recebido o texto de 1920 e nunca o menciona, nem positivamente, nem negativamente. Esse silêncio não seria uma demonstração de sua desaprovação? Cf. Freud e Abraham (2006).

somente a ciência. No prefácio da *Encyclopædia Universalis*, René Thom, mais científico que Freud, mas também mais rigoroso como crítico da ciência, intitula seu artigo "A ciência, apesar de tudo".

Freud não tolera bem ser enquadrado em categorias de pensamento *a priori* concebidas para excluí-lo. Ele mesmo, contudo, ao recusar outros recursos, comporta-se com frequência de forma anticientífica, por exemplo, quando recusa as limitações que lhe são impostas pela teoria de Darwin em oposição à de Lamarck. A argumentação tem roteiro variável: "Sou psicanalista, não cientista". Em outras palavras: "Não faz mal, vocês me seguirão mais tarde". Se formulamos a hipótese de uma transcendência em Freud, não é para dar respostas que queiram forçar uma porta que permanecerá fechada. "Não, não há transcendência na obra de Freud." A essa afirmação responderemos: "Sim, há não somente *uma*, mas *duas* transcendências que comandam essa obra única". Há, portanto, dois pilares que vão além da terapêutica freudiana. O primeiro pilar, fundamental para Freud, resulta da nossa condição de *ser humano*. Essa condição tem origem, pois, no plano biológico, *mais metabiológico* que biológico. Ela determina a relação da psicanálise com as ciências da natureza. Requer uma reflexão sobre a vida, em suas formas mais simples que são transmitidas ao ser humano. Aqui, Freud se aproxima de Darwin. O humano não ultrapassa o ser vivo, que sempre constitui o primeiro.

O segundo pilar, tão fundamental quanto o primeiro, embora descoberto mais *tardiamente*, é antropológico. É orientado pela ideia de que o ser humano é tão ser humano quanto ser vivo. Não depende menos do que é próprio do humano por aquilo que o amarra à vida. É difícil definir a antropologia, mas ela abre o capítulo de uma especificidade. Na visão antropológica, a relação de um ser humano com outro é tão fundamental quanto aquilo que o conecta à vida, pois sem levar em consideração esse ponto de vista, o ser humano deixa de ser humano. O *Umwelt* do homem (von Weizsäcker) não pode se limitar a definir o ambiente humano como constituído de seu mundo. Este *Umwelt* é, antes de mais nada, um *Umwelt* humano, e mesmo o mundo da *physis* é também um mundo psicológico que é a aquisição daquilo que constitui o vivente humano. É isso que está no cerne da relação analítica mais profunda. Mas, cuidado, o humano é um em sua humanidade, mas também é duplo – masculino e feminino –, sem ser totalmente dissociável de suas relações com o animal.

Biologia e antropologia não podem dizer respeito unicamente à relação com o vida. Devem incluir também – referindo-se ao vivente mortal e humano – o que é imortalizado pela cultura. Isso é o que nos ensina a reflexão freudiana sobre a pulsão de morte, que acabou por colonizar o mundo da cultura.

Nota sobre Empédocles de Agrigento

No final de sua obra, para sustentar suas posições, Freud se refere a Empédocles, principalmente em *Análise terminável e interminável* (1937). Empédocles, assim, já que Empédocles há – inclusive, é o único –, é uma referência que alguém se orgulha de citar? Nada pode ser mais incerto, porque ele suscita opiniões muito controversas, como veremos.

Neto de um campeão olímpico também chamado Empédocles; estadista, democrata que, embora de origem aristocrática, teria recusado a realeza que lhe fora oferecida; médico taumaturgo de reputação controversa; defensor de um pluralismo (a partir dos quatro elementos: fogo, ar, água e terra) e de teorias naturalistas. Como Freud, interessava-se pelas sensações e pela teoria do conhecimento, no desejo de reduzir os fenômenos físicos e psíquicos dos humanos, dos animais e dos vegetais a processos naturais universais. Assim foi esse filósofo arcaico – alguns contestam que ele mereça tal designação (Kojève). Não se poderia confiar nele inteiramente sem fazer sua crítica. Alguns o relacionam com os pitagóricos. Dispomos de mais fragmentos a seu respeito do que a respeito de qualquer um dos filósofos pré-socráticos ou antessocráticos. Empédocles expressa seu pensamento em versos, e acredita-se que foi um dos fundadores da retórica. Sua filosofia trata de temas diversos. Nesse sentido, ele não se priva de dizer alguns absurdos, como alegar, segundo Varron, que os homens brotam da terra como espinafres (autoctonia) ou que nascem machos ou fêmeas conforme o calor – os homens são quentes – ou o frio – as mulheres são frias. Ademais, possuía uma opinião elevada de si mesmo e se considerava um deus. Aristóteles, que o citou muito, chamava seus pensamentos de "balbucios".

Para Freud, no entanto, ele foi o teórico que veio ao socorro de sua última teoria das pulsões.

Às vezes, por amor juntos, eles constituem

Uma única ordem, às vezes cada um deles

Está separado pelo ódio inimigo...

(Empédocles de Agrigento, citado por Dumont, 1988, p. 385)[19]

Do mesmo modo, ele intuiu o que Freud concebeu como intricamento e desintricamento das pulsões. Amor e ódio são princípios, não causas.

---

[19] No original em francês: "*Tantôt de par l'Amour ensemble ils constituent/ Une unique ordonnance, tantôt chacun d'entre eux/ Se trouve séparé par la Haine ennemie*". [N.T.]

Sob o domínio do Ódio, as coisas
São todas separadas e distintas na forma
Mas sob o efeito do Amor, juntas, cooperam
Animadas pelo desejo comum de estarem juntas.[20] *(p. 382)*

Esses versos foram extraídos dos *Comentários à física de Aristóteles*, de Simplício. John Burnet (1892) resume: "A função do Amor é promover a união; a do Ódio é rompê-la" (Burnet, 1892/1970, p. 237). O Amor só é capaz de produzir efeito quando o Ódio divide a Esfera. Assim, como na teoria freudiana, o Amor sobrevive ao Ódio.

Aristóteles sustentava que o mundo está agora no período do Ódio. Eu não saberia dizer que conhecimento direto, ou mediante o testemunho dos autores gregos, Freud teve da filosofia pré-socrática. Como o próprio Freud mencionou, foi Teodor Gomperz[21] que o apresentou a essas ideias. Este último escreveu (Gomperz, 1896/1964, p. 232) a respeito de Empédocles: "O mérito de sua doutrina foi incalculável".

Já Burnet não hesitava em chamá-lo de charlatão. Quanto a Kojève, o paralelo antitético destinado a conciliar Parmênides (do qual Empédocles foi aluno) e Heráclito – a Esfera e o Rio – é uma monstruosidade. Na verdade, o predomínio heraclitiano é perceptível. Kojève (1968, p. 286 e seguintes) baseia sua análise na noção de ciclo – contestada por Bollack (1965-1969).

Não faltam contradições em Empédocles. Pluralista (os quatro elementos), ele não estabelecia uma distinção definitiva entre

---

20 No original em francês: "*Sous la domination de la Haine les choses/ Sont toutes séparées et distinctes de forme/ Mais sous l'effet de l'Amour ensemble elles concourent/ Animées du désir partagé d'être ensemble*". [N.T.]
21 Que Freud conhecia pessoalmente. Cf. Gomperz (1896/1964, pp. 227-254).

mundo inanimado e mundo orgânico, assim como não separava natureza e alma (Dumont *et al.*, 1988).

Ele dota os quatro elementos de uma natureza divina. A alma é um *daímon* propulsado para fora de sua morada natural. Ela carrega uma culpa originária pelo sangue que derramou e pelo perjúrio que exerceu. Expulsa de seu lugar de origem, é proibida de voltar para lá, pelo menos por 10 mil anos. Daí a obra sobre as *Purificações*. A ideia de uma alma que se separaria do corpo foi atribuída a Alfred von Kremer, que, após investigações aprofundadas sobre o pensamento oriental, sustentou que o vapor surgia do sangue quente recentemente derramado e subia ao céu, dando origem à ideia da alma como sopro (*pneuma*) (citado por Gomperz, 1896/1964, p. 249). A sede da alma é o coração. Empédocles, diferentemente de Lucrécio, compartilha, assim, a ideia de uma alma imortal. A contradição está entre a concepção materialista (visão científica) e a concepção religiosa (impregnada pelo orfismo). Essa referência científica certamente seduziu Freud, que encontrou em Empédocles o pensador do movimento. Freud se aproximou de Pitágoras, Parmênides e Anaxágoras, mas foram as ideias do pensador jônico que ele defendeu.

Empédocles terminou seus dias no exílio, longe de Agrigento. A versão de sua morte por suicídio – ele teria se jogado dentro do Etna, uma de suas sandálias teria sido encontrada numa cratera do vulcão – parece certamente fabular, assim como a vida desse precursor de Freud.

2. A onda de choque da pulsão de morte

Ferenczi, Melanie Klein, Bion, Winnicott, Lacan...
E acerca de algumas estruturas clínicas

Ferenczi e a análise mútua

A posteridade freudiana divide-se em várias correntes que adotam posições diferentes sobre a pulsão de morte. Há aqueles – os mais numerosos – que não acreditam nela e buscam conceitos substitutivos que são aproximações grosseiras. Ferenczi inaugurou uma nova clínica sem se pronunciar. Há também os que pensam em prolongar a obra de Freud, orientando-a para a busca das fixações nas primeiras fases do desenvolvimento: Melanie Klein. De agora em diante, a preocupação essencial é definir-se em relação a Melanie Klein. Alguns autores, como Bion, prolongam e definem mais rigorosamente as ideias de Klein. Continuam aderindo à hipótese da pulsão de morte ou de destruição. Outros, mesmo reconhecendo a importância da contribuição de Klein, dela se afastam: Winnicott. Outros, ainda, admitem uma teoria das pulsões, mas substituem a pulsão de morte pela agressividade. Essa é a posição da psicanálise norte-americana conduzida por Heinz Hartmann. Por fim, Jacques Lacan, depois de ter flertado durante muito tempo com a morte – o Senhor Absoluto –, passou a omiti-la cada vez mais na teoria, enquanto o movimento lacaniano trava uma luta destrutiva contra seus adversários. Para coroar tudo isso, há ainda uma última corrente que não quer mais ouvir falar das pulsões, sejam elas de vida e muito menos das de morte. Não se pode dizer que Freud tenha sido honrado por seus filhos! Matemos a pulsão de morte e viveremos em paz. Hoje, a moda privilegia uma corrente relacionista: relação de objeto (Fairbairn e Klein), relacionismo (Greenberg e Mitchell), relacionismo pragmático (Renik). A Freud, resta apenas ser definitivamente enterrado. Felizmente, não na França.

Já havíamos assinalado a "coincidência", em 1924, das contestações da clínica e da técnica freudiana um ano depois de *O Eu e o Id*. Otto Rank, cuja teoria de substituição àquela de Freud não durou, e, principalmente, Sandor Ferenczi, que, mais debruçado sobre os problemas técnicos, após uma série de trabalhos apresentados entre 1927 e 1933, passou a ser mais seguido. Mais ainda que essas contribuições, das quais algumas se tornaram célebres, e com razão, o *Diário clínico*, que se estende pelo ano de 1932, diz-nos o essencial.

Todo esse período foi marcado por difíceis relações entre Freud e Ferenczi. Por mais que este jurasse fidelidade àquele, Freud não deixava de perceber que seu colaborador e amigo estava se afastando dele. Hoje, a pergunta é feita em outros termos. Ferenczi estaria certo, à luz da experiência psicanalítica recente, em abalar o edifício freudiano, ainda que isso lhe custasse? "Não na frente das crianças", dizem os pais quando brigam, como se elas já não tivessem percebido melhor que os próprios interessados o cheiro de divórcio no ar. Ocorreu que o entorno de Ferenczi desaconselhou a publicação do *Diário clínico* após sua morte, preferindo esperar que o clima se tornasse mais sereno. As contribuições de Ferenczi tornam-se públicas somente em 1955, sendo que ele morreu em 1933. Em 1957, é publicado o volume III da biografia de Freud escrita por Jones, na qual este atacava Ferenczi. É em 1969 que o *Diário clínico* é finalmente publicado. Ferenczi foi tratado tal qual um dissidente, como se tivesse se juntado a Jung, Adler, Stekel. Estou convencido de que Freud, vivo, teria recusado essas manobras, por mais violenta que fosse a oposição entre seu biógrafo e seu "paladino".[1] Freud sabia que podia contar, se não com a ortodoxia de Ferenczi, pelo menos com sua integridade.

O *Diário clínico* de Ferenczi emite um som patético, aquele do grito de um homem dividido entre o desejo de continuar sendo ele mesmo às custas de um grande perigo e a necessidade de se aliar à opinião de Freud para não perder seu amor.

Com Ferenczi, inauguram-se:

I. Uma clínica psicanalítica centrada no Eu e voltada para uma técnica restauradora.

II. Um deslocamento da ênfase para a contratransferência.

Ferenczi certamente não era desprovido de lucidez em relação a Freud, mas era afligido por uma exigência de amor incondicional que o impedia de renunciar à sua aprovação. Não é exagero argumentar que a questão da pulsão de morte é o não dito na discordância entre eles. Mas o que importa são as medidas técnicas para lidar com isso. Ferenczi estava disposto a reconhecer os efeitos mortíferos da pulsão de destruição quando enfatizava o desaparecimento dos fenômenos somáticos de autoconservação:

> *Ele [o paciente] não se preocupa mais com sua respiração e seu coração, nem com a preservação de sua vida*

---

1 Freud havia chamado Ferenczi de "paladino" da psicanálise.

> em geral [...], ele até considera com interesse a destruição e a mutilação, como se não fosse mais ele mesmo, como se fosse a um outro ser que esses sofrimentos fossem infligidos. (Ferenczi, 1932/1985, carta de 10 de janeiro)

A insensibilidade é uma forma de vingança contra o sádico. O que eu descrevi como *excorporação* ocorre então. A clivagem e a atomização da vida psíquica tornam-se as defesas psíquicas buscadas. Ferenczi mostrou a exploração que o paciente faz de seu masoquismo. O final da sessão destrói as aquisições obtidas graças a ela.

A posição de Ferenczi é ambivalente. Por um lado, ele identifica na patologia a marca do que Freud sustenta com a ideia da pulsão de morte, mas, por outro lado, atribui a responsabilidade disso aos pais. Freud critica a crença excessiva de Ferenczi na realidade descrita pelo analisando. A análise mútua contribui para essa defesa pela realidade: "É o outro que...". Em contrapartida, Ferenczi reconhece a predominância do princípio de prazer. Nesse momento, ele invoca o caso do masoquismo: o sofrimento como fonte de satisfação. O que não exclui a atividade das pulsões sádicas. Na verdade, a técnica de Ferenczi faz da análise um caldo de cultura e leva ao "terrorismo do sofrimento" (p. 97).

Ferenczi permaneceu atraído pelos problemas ligados à técnica, enquanto Freud teria preferido que ele se distanciasse desse caminho e aceitasse a presidência da Associação Internacional para resolver os problemas políticos do momento. Mas, coincidindo com a ativação silenciosa de seu sentimento de culpa, a saúde de Ferenczi se deteriorava. Judith Dupont (1982) resume apropriadamente os três pontos em discussão: as hipóteses sobre o trauma, a resposta dada a elas pela *análise mútua* e o "processo" do enquadramento, de acordo com a expressão de Raymond Cahn (1983).

Um ponto de inflexão se produz na análise. O paciente sofre menos com as fixações do que com os traumas que ficaram sem resposta, com a hipocrisia dos adultos que, em seguida, repercute na da sociedade e, depois, na do analista durante o tratamento. Já não é mais a força da pulsão de agressão que causa a neurose, mas as consequências do trauma que levam a um retraimento defensivo do paciente, que adota uma visão distorcida do agressor. É essencial que o analista aceite essa visão, às vezes caricatural, para reconhecer a realidade que lhe é subjacente, diante da qual todos se calam. Ferenczi alude tanto à sua experiência como analisando de Freud quanto à do analista de seus próprios pacientes.

Voltamos mais uma vez ao lugar preponderante da autocrítica. Freud veria nela, sem dúvida, um efeito da consciência de culpa, uma solução com a qual Ferenczi não se contentou. Em suma, Ferenczi via na origem do trauma a perpetuação da hipocrisia dos pais na confusão das línguas. Antecipando Winnicott, ele considerava ser da maior importância que o enquadre fosse submetido à crítica. Converteu-se no defensor das causas desesperadas. Podemos indagar em que medida essa técnica corresponde a um retorno inconsciente ao passado. Ferenczi não estaria revalorizando a *teoria traumática* de antes de 1897? Ele maximiza o papel do trauma e advoga em favor de uma "histeria orgânica" em que se exprime o papel de um *pensamento do corpo* e de suas vicissitudes. Soma-se a isso uma incapacidade fatal por parte do pai/mãe--analista de responder a isso – em outras palavras, uma carência inevitável do ambiente. Uma transferência negativa leva a uma sobrecompensação que o analista interpreta como uma contratransferência amorosa. Assustado com essa reação, ele retira sua libido da contratransferência, o que provoca a consciência tardia da contratransferência negativa do analista e resulta em um retorno acentuado da sobrecompensação.

Percebe-se aqui o dilema: uma atitude de superação da neutralidade evita supostamente essa turbulência. É preciso remontar em direção ao tratamento do período inicial, abandonando a neutralidade, que acaba sendo um obstáculo à mobilização da organização da neurose. Convém assinalar, entretanto, que a maioria dos casos apresentados por Ferenczi é de mulheres e levanta o problema do componente histérico de sua patologia, mesmo que essa histeria seja "orgânica". A análise mútua, solução para todas essas dificuldades, acreditava Ferenczi, acabaria tendo mais efeitos positivos do que nocivos.

Como a análise mútua permite a análise da transferência? Surpreendentemente, a racionalização parece tomar conta das construções teóricas do analista. O fracasso dessa técnica acabou vencendo-a. Podemos questionar, contudo, se a *disclosure* [propagação] atual não seria o retorno ingênuo de uma experiência que já mostrou seus limites. Ferenczi buscava uma solução para o impasse de sua própria análise com Freud, não poderia ter êxito maior do que seu mestre. É proveitosa a leitura do debate entre Freud e Ferenczi e como ele levou a um beco sem saída, quando um impasse analítico, expressão de uma transferência quase psicótica, entrou em cena. Ferenczi estava quase ciente disso e entendeu como se envolveu com Freud em tal situação. E se estivéssemos simplesmente lidando com um caso de reação terapêutica negativa que passou despercebida pelo objeto da transferência, ou seja, por Freud? É o que indica a alusão de Freud a Ferenczi em *Análise terminável e interminável*, escrito após a morte do húngaro.

Pode-se identificar aqui o efeito da transferência – com o risco de ignorar a resistência *de* transferência. A compulsão à repetição é questionada nessa ocasião. A resistência a utiliza para tentar elaborá-la: "De que adianta *repetir* o trauma ao pé da letra e com a mesma decepção para com o mundo inteiro e toda a humanidade?" (Ferenczi, 1932/1985, p. 105).

Ferenczi reivindica o direito de expressar sua decepção diante do paciente para ter acesso a uma transferência mais positiva. A análise mútua nos ensina que ela não diminui em nada o papel das fantasias mais inconscientes. Ferenczi admite nunca ter conseguido obter por meio dessa técnica a rememoração dos processos traumáticos em si.

Ele oferece um motivo para o desejo de morte em algumas crianças – o que explica as posições sacrificiais do analista na análise mútua. Desiludido, em 31 de março de 1932, ele escreve: "Uma ideia pouco louvável: o paciente conseguiu escapar completamente da análise e me colocar em análise em seu lugar!".

A "imersão" deve remontar à situação intrauterina – o que reflete a onipotência das mães –, que não pode deixar de absorver, por identificação, uma parte da vítima. Todo ódio é uma projeção que protege contra a dor, o que remete à identificação projetiva, a qual só veio a ser definida mais tarde por Melanie Klein. Em contrapartida, o lado pulsional da sexualidade infantil nada mais é que a inversão da violência passional dos adultos que resulta na confusão das línguas artificialmente implantada nas crianças. Ferenczi alcançou uma construção inteiramente nova do psiquismo infantil, pavimentando o caminho para o pensamento de Winnicott.

Uma pergunta formulada por Ferenczi (p. 147) é a que gostaríamos de lhe ter feito: "Quem é louco, nós ou os pacientes?".[2] Esse questionamento quanto à saúde dos adultos leva necessariamente a uma crítica a Freud. Segundo Ferenczi, Freud permanecia intelectualmente apegado à análise, apesar das muitas decepções, mas não emocionalmente, obedecendo a um Supereu que seria o do pesquisador das ciências da natureza. Em síntese, Freud não gosta realmente de seus pacientes, não está disposto a lhes consentir os

---

2 "As crianças ou os adultos? Assim, por que se entregar cegamente ao médico?"

sacrifícios que Ferenczi aceita. Este teve a coragem de relacionar as dificuldades deles à sua própria experiência infantil e ao papel culpabilizador de sua mãe.

De certa maneira, Ferenczi levou ao ponto do absurdo uma ideologia psicanalítica. Já que o analista não consegue analisar o que nele permanece não analisado, ele é obrigado a se tornar o analisando do analisando, como se o paciente fosse capaz de neutralidade e pudesse renunciar a explorar a oportunidade que lhe é assim oferecida de ser sádico com o analista, *como na situação de passagem ao ato amoroso*. Em certos casos, uma clivagem separa um Eu observador totalmente insensível de um Eu afetivamente envolvido. A rememoração não poderia ser senão a manifestação de cicatrizes traumáticas – *sempre de origem externa* – da psique que busca enfrentar o par *matar ou ser morto*. Ir ao fundo das questões significa colocar-se à disposição do paciente de uma maneira "apaixonadamente ativa". Apaixonadamente, à maneira da paixão de Jesus Cristo. A análise mútua deve terminar com um perdão mútuo.

Mas paremos por aqui. O que nos interessa, hoje, é a abertura promovida por Ferenczi de um novo campo clínico e a descrição de formas transferenciais "nos limites do analisável".[3] É por essa razão que a questão não se esgota com a morte de Ferenczi e persiste até os dias de hoje na análise, com a teoria de Winnicott. O problema permanece sem solução: quais são os limites do analisável e as modificações técnicas sustentáveis a serem feitas em casos de estruturas não neuróticas. Essa situação não é alheia à atual preferência dada por certos autores ao face a face psicanalítico. É significativo que, com Ferenczi, tenha-se aberto uma alternativa à teoria das pulsões, em que se pôde entrever o germe de uma teoria

---

3 Título do número 10 da *Nouvelle Revue de Psychanalyse*, editada previamente ao Congresso Internacional de Londres, 1975.

relacional que continuou a se ampliar. A dimensão intersubjetiva suplanta a intrapsíquica. As mudanças intrapsíquicas são sempre resultado de efeitos intersubjetivos. Mas o que acontece entre dois sujeitos? O fracasso de Ferenczi é a revanche do intrapsíquico e a confirmação de que o ponto de vista de Freud não está ultrapassado. Talvez fosse necessário chegar a uma nova concepção da articulação entre ambos para dar ao tratamento psicanalítico alguma chance de sucesso.

Melanie Klein e a destrutividade generalizada

Melanie Klein realizou uma primeira análise com Ferenczi. Insuficientemente satisfeita com essa experiência, realizou uma segunda análise com Abraham, que foi mais adequado para ela.[4] Não lhe foi difícil formular seu próprio sistema de pensamento, pois havia adquirido firmes convicções. Todavia, em seu período inicial, dificilmente citava outros autores além de Freud, de quem se quer abertamente herdeira legítima.[5] Não é fácil dar conta da evolução do sistema kleiniano desde o início até os dias atuais. Elizabeth Bott Spillius (1988) pode orientar o leitor interessado em trilhar esse percurso.

Limitaremo-nos a abordar os pontos que dizem respeito à pulsão de morte. Melanie Klein, de fato, distingue-se de outros psicanalistas por sua adesão irrestrita à pulsão de morte. Se ela discordou de Freud, certamente não foi pelo uso excessivo que ele fez da última teoria das pulsões. Seria mais por ele ter limitado

---

4 A ele foi dedicado o primeiro livro de Melanie Klein, *The psycho-analysis of children*, de 1932.
5 "O que trago é inspirado em todos os sentidos pelo que Freud nos ensinou" (Klein, 1932/1959, Prefácio à primeira edição). Algumas linhas acima, Ferenczi também foi homenageado.

em larga medida as perspectivas para as quais ela concebia uma aplicação muito extensa.

Seu campo de predileção era a psicanálise de crianças e adultos seriamente regressivos. Convém ressaltar, desde já, que, por mais fascinante que fosse, a teoria interessava menos a Melanie Klein do que a técnica e a clínica de crianças, que, à época, estavam em grande parte por construir e geravam problemas quanto à adaptação da técnica utilizada com adultos. Era a importância da interpretação precoce da transferência negativa que atraía sua atenção. Transferência que, segundo ela, em nada difere daquela do adulto, a ser interpretada em profundidade. Essa transferência se expressa por um medo manifestamente perceptível.

Klein levou algum tempo para elaborar sua teoria, que, em seguida, ela apresentou de maneira repetitiva em diversas ocasiões. Em linhas bastante gerais, a teoria kleiniana – pretendendo inserir-se na continuidade do último Freud – baseia-se na predominância das pulsões de destruição sobre as pulsões eróticas. A busca do prazer é apenas secundária e defensiva em relação à preocupação em neutralizar o efeito das pulsões de destruição.

As primeiras formulações teóricas estruturadas datam de 1928, no artigo "Os estágios iniciais do conflito edipiano e a formação do superego" (Klein, 1932/1959, p. 137). Para ela, o conflito edipiano começa na metade do primeiro ano de vida e vai até o terceiro ano. Klein segue Abraham: prazer de sugar inicialmente, seguido pelo prazer de morder (segundo subestágio oral). Às vezes, uma inibição deriva de um sadismo oral incomumente elevado. Todavia, uma libido muito forte pode preceder uma frustração e sua inibição. Portanto, é o aparecimento prematuro do sadismo que é nocivo. Segundo Klein, o desenvolvimento do Eu está à frente daquele da libido. A frustração resultante disso é acompanhada por uma angústia que se deve aos "estímulos acumulados sem possível descarga", afirmação reiterada desde Freud até Bion. Os medos da criança convergem para o objeto externo, posição que o desenvolvimento dissipará com a realidade, que reconhecerá a "boa mãe" e substituirá a destruição do objeto por sua conservação. Como em Freud, há um desvio do instinto de morte para fora. Ao mesmo tempo, contudo, surgem perigos internos que se somam àqueles que provêm do exterior. O sadismo oral atinge seu ápice durante e após o desmame. Direcionado contra o seio da mãe, ele se estende por todo o seu corpo.

É com o sadismo uretral, entretanto, que o sadismo oral se prolonga. Inundada, submersa, queimada, envenenada, a criança despeja grandes quantidades de urina na mãe, vingando-se assim da frustração que esta lhe inflige (enurese, brincar com o pênis). O pênis é investido com atividades cruéis, o que afeta a função sexual e a inibe. Os desejos sado-orais associam-se aos desejos sadoanais. "O objetivo original é engolir e destruir o seio materno" (p. 143).

Como podemos ver, a fase fálica é essencialmente sádica. Klein invoca aqui Abraham:

> *Sei por experiência o quanto é difícil fazer com que se admita que essas ideias revoltantes correspondem à realidade, mas as análises de crianças muito pequenas não nos permitem duvidar de tais ideias, porque nos oferecem com precisão e clareza a imagem de crueldades imaginárias que acompanham esses desejos em toda a sua abundância, sua força, sua multiplicidade.* (p. 144)

É de fato a "verdadeira" filha de Freud que assume suas posições. Vale lembrar a data: 1928, mesmo ano dos artigos do último período de Ferenczi, notadamente "A criança no adulto".

Assim, seguindo Abraham, Klein sustenta que o prazer que o bebê extrai dessas satisfações sádicas não se deve somente à libido, mas está ligado a um violento apetite de destruição "que visa danificar e aniquilar o objeto". Isso ocorre supostamente entre os 6 e os 12 meses de idade. Essa situação leva à *intensificação* de um sadismo causado pela frustração ligada à impossibilidade de satisfazer as necessidades libidinais. Os ataques estendem-se aos pênis do pai (no plural, pois ele dispõe de vários) incorporados pela mãe. Ele se torna o mais temível agente destruidor. Segundo Klein, ele cumpre um papel muito importante na etiologia dos transtornos mentais. Porém, convém assinalar que é somente sob essa forma de pênis--incorporado-no-ventre da mãe, e constituindo com ela a fantasia de pai e mãe combinados.

No que diz respeito à cena primitiva, o sadismo é temido pelos desejos de morte que gera e que dão lugar a uma destruição mútua exacerbada, sinal de maus-tratos infligidos mutuamente pelos dois parceiros: o pênis transformado em animal perigoso ou carregado de armas explosivas e, paralelamente, a vagina imaginada como ratoeira envenenada.

Constituiu-se um Édipo: "Em meu modo de ver, o conflito edipiano se instaura no menino a partir do momento em que ele sente ódio pelo pênis do pai e deseja se unir à mãe para destruir esse pênis do pai que supõe estar alojado dentro do corpo da mãe". De acordo com Klein, as pulsões genitais surgem ao mesmo tempo que as pulsões pré-genitais – portanto, não se sucedem a estas. Passado certo tempo, essa destrutividade gera uma culpa reparadora. Porque, antes disso, é travada uma guerra impiedosa, acompanhada de fantasias de vingança por parte dos pais.

A culpa relativa às fantasias masturbatórias genitais é derivada das fantasias sádicas dirigidas contra os pais, e não de seu conteúdo incestuoso (pp. 148-149). Klein baseia-se, aqui, numa citação de Freud acerca da precedência do ódio sobre o amor, bem como em outros trechos que tratam da dissolução do complexo de Édipo, em *Inibição, sintoma e angústia* e, por último, em *O Eu e o Id*. Não há dúvida de que Melanie Klein leu atentamente Freud, mas, como ela mesma diz, prefere um processo mais simples e mais direto (p. 150). Em outras palavras, é contra as pulsões destrutivas que o Supereu se estrutura precocemente. Isso é ainda mais inevitável na medida em que essas pulsões são desviadas para fora, ou seja, contra o objeto, não podendo, em troca, senão suscitar hostilidade por um mecanismo de origem filogenética. "Em nenhum outro período da vida a oposição entre o Eu e o Supereu é tão forte quanto na primeira infância" (p. 153). Freud combateu essa opinião. Na verdade, Melanie Klein baseia-se – ao contrário de Freud – exclusivamente em processos endopsíquicos. As relações do Eu com os objetos serão reproduzidas pelas relações posteriores entre o Supereu e o Eu, o que Freud já havia afirmado em 1915, em *Luto e melancolia*.

A interpretação de Klein não estaria influenciada por seus modelos de referência: a projeção paranoica, a esquizofrenia, a hipocondria, a catatonia? Convém lembrar que estes têm uma relação destacada com o narcisismo. No que diz respeito à analidade, a interpretação do papel desempenhado pelas fezes como projéteis dotados de imensas capacidades destrutivas é grosseiramente "traduzida". Esses objetos não estão presentes sob uma forma única, mas repetem-se em muitos exemplares. A posse do interior do corpo representa a posse da mãe externa "e simboliza tanto o mundo externo quanto a realidade". É pertinente lembrar que Klein também menciona o papel desempenhado pela libido (erótica) e a influência da realidade. Frágil contrapeso, que está na origem do que será denominado "objeto bom".

Posteriormente, Melanie Klein reuniu essas observações para descrever as duas grandes posições características da sexualidade infantil: a posição esquizoparanoide, marcada na criança por posições persecutórias e angústias profundas de aniquilamento, provocando a clivagem, a recusa, a idealização e a onipotência, que são contemporâneas ao surgimento de angústias paranoides, acompanhando uma vivência de despedaçamento, de fragmentação e de ataques destrutivos por parte do objeto. Sucede-lhe a posição depressiva, que se inicia nos primórdios da unificação do objeto, quando se assiste ao surgimento da culpa com desejos de reparação dos danos que lhe são causados, sentimento de responsabilidade pelas devastações destrutivas. A separação entre a posição esquizoparanoide e a posição depressiva era justificada pela evolução, a segunda dando seguimento à primeira. Mais tarde, essa sucessão foi contestada, e a opinião dos kleinianos inclinou-se para uma simultaneidade (que se repete várias vezes) das duas posições. Foram esclarecidos os papéis da introjeção e da projeção. As moções pulsionais e as fantasias inconscientes são apenas as duas faces de uma mesma realidade. As fantasias são a expressão da pulsão (Susan Isaacs). A psicopatologia kleiniana tende a recuar cada vez mais na evolução da criança para compreender as raízes do psiquismo.

Em 1946, é publicado um artigo importante, "Notas sobre alguns mecanismos esquizoides" (Klein, 1946/1966). Até então, embora falasse de posição esquizoparanoide, Melanie Klein havia abordado, na verdade, apenas a face "paranoide", negligenciando a face "esquizo". Trata-se, mais uma vez, de um movimento que obedece ao desejo de recuar cada vez mais na evolução. Ela vê ali os vestígios das primeiríssimas fixações psicóticas resultantes das primeiras relações objetais, que existiriam desde o princípio da vida. Concentra-se nas relações do primeiro vínculo e descreve os processos de clivagem (*splitting*) que ocasionam as fragmentações do Eu. A clivagem é simultaneamente interna e externa. Clivagem, recusa e onipotência desempenham um papel comparável ao do recalque nas posições posteriores envolvidas na neurose. Convergem a fixação oral e os efeitos das pulsões destrutivas. As projeções ocorrem *dentro* da mãe (e não apenas *sobre* a mãe).

É nesse momento que é descrita a *identificação projetiva* (projeção do ódio de partes da própria pessoa dirigido contra a mãe; identificação com as partes projetadas). Também podem ser expulsas as partes boas, tendo por consequência o medo de ter perdido a capacidade de amar a despeito da idealização. O Eu pode experimentar o sentimento de não ter nem vida nem autonomia. Clivagem violenta e projeção excessiva dão o tom persecutório do objeto. Melanie Klein insiste – algo raro nela, que, portanto, merece ser destacado – na *natureza narcísica* derivada dos processos introjetivos e projetivos infantis, pois o objeto nada mais faz senão refletir uma parte do sujeito. Um sentimento de artificialidade emana deles. Um narcisismo excessivo impede a elaboração da posição esquizoparanoide rumo à posição depressiva.

Assim, se a posição depressiva tinha ajudado a entender a psicogênese dos estados maníaco-depressivos, o estudo dos mecanismos esquizoides lançou luz sobre os estados esquizofrênicos. Uma vez mais, Melanie Klein busca teorizar o que Freud não havia explorado, ou havia desenvolvido de modo insuficiente.

Melanie Klein despertou um vivo interesse na British Society. Juntaram-se a ela Joan Riviere, Susan Isaacs, Hanna Segal, John Sutherland, Paula Heimann – que, em seguida, se afastou – e Herbert Rosenfeld. Não cabe listar os membros da escola kleiniana. Em razão de seu interesse pelas psicoses, campo em que as ideias kleinianas se impuseram, todos esses autores tornaram-se representantes da escola kleiniana clássica, acompanhando de perto as teses propostas por Melanie Klein. Bion, embora oriundo dessa linhagem, logo iria se distinguir pela originalidade de suas contribuições.

Rosenfeld foi, sem dúvida, o melhor clínico do grupo kleiniano. Sua reputação cresceu como especialista em estados psicóticos. Uma de suas contribuições mais originais diz respeito aos estados narcísicos. A tendência kleiniana de dar ênfase, sobretudo, às relações de objeto tinha levado a desconsiderar a patologia narcísica. Rosenfeld descreveu um narcisismo destrutivo que, tal qual eu mesmo já propus anteriormente, é apenas uma das expressões da pulsão de morte. Ele também aprofundou a identificação projetiva, os estados de despersonalização e confusionais. Elucidou a noção de psicose de transferência. A drogadição e o alcoolismo também foram objeto de seus estudos.

Que dizer à guisa de conclusão desta breve revisão das ideias de Melanie Klein? Se despertaram entusiasmo e fervor, também suscitaram objeções e críticas radicais. Sem remontar a Edward Glover (1945), citaremos algumas delas:

I. A ênfase acentuada no papel das pulsões destrutivas mais desnatura do que prolonga a teoria freudiana. Para Freud, o que importava era o intricamento e desintricamento das pulsões de amor e de vida com a libido. Em Melanie Klein, já não se respeita nenhum equilíbrio; o campo é totalmente ocupado pelas pulsões de destruição.

II. Para muitos analistas, os kleinianos ignoram a noção de inconsciente, pois apenas traduzem nos termos de sua teoria os efeitos conscientemente percebidos da destrutividade.

III. A insistência exagerada nos estados precoces resulta numa teoria em que o anterior sempre explica o posterior e leva a recuar constantemente os pontos de fixação até a oralidade ou mesmo antes.

IV. A realidade externa não desempenha nenhum papel por si só. Depende exclusivamente da aceitação da realidade interna. Isso será objeto da contestação winnicottiana.

V. O Édipo desaparece, pois não poderia se resumir ao que dele diz Melanie Klein, e o pai vai além de sua representação enquanto "pênis do pai no ventre da mãe".

VI. Existe um Supereu precoce, anterior ao Édipo, ponto contestado pelo próprio Freud.

VII. O Eu é reduzido a seus mecanismos primitivos. A clivagem tal qual concebida por Freud desaparece em proveito de uma interpretação kleiniana desse conceito; ela separa essencialmente os aspectos subjetivos do objeto mau daqueles relativos ao objeto bom.

VIII. As relações de objeto estão presentes desde o começo. A evolução das relações entre o Eu e o objeto praticamente não desempenha nenhum papel.

IX. Os kleinianos leem, citam e levam em conta somente o que escrevem outros kleinianos. As bibliografias de seus artigos são de um sectarismo caricatural.

O passar do tempo não corrigiu esse estado de coisas, que se resolve por si mesmo por uma quase dissidência com o pensamento de Bion. Ademais, uma oposição aberta às ideias de Klein surgirá sob a pena de Winnicott.

Ao reler Melanie Klein nos dias de hoje, a comunidade psicanalítica se divide entre, de um lado, a admiração por essa nova visão, invenção que não hesita em levar a hipótese das pulsões de morte até um ponto do qual o próprio Freud teria recuado, e, de outro, a resistência a essa visão infernal, apocalíptica, difícil de aceitar se considerarmos o que nos ensina a experiência com a criança, que, em Klein, parece ter afogado sua libido de amor no banho de sangue das pulsões destrutivas. Não resta dúvida de que os próprios kleinianos do futuro se verão tentados a transigir com essa concepção extremista, que suscita muitas reservas. Formulações alternativas surgirão no seio do movimento kleiniano sob a pena de Bion ou por parte de seus companheiros de estrada, como Winnicott.

Todos aqueles que se relacionaram diretamente com Klein destacaram seu grande rigor, sua prudência antes de propor uma interpretação e seu conhecimento do mundo infantil. Em contrapartida, com o passar do tempo, reconhece-se que ela não era uma grande teórica e que não deveria ser avaliada nesse terreno. Resta dizer que ela marcou a evolução da psicanálise de modo decisivo, embora tenha provocado ataques virulentos e sido muito combatida. Na Associação Psicanalítica Internacional (IPA), foi posta de escanteio antes de conseguir ser reconhecida. Ainda que conserve muitos opositores, já não se pode ignorar quem foi ela. O mais interessante, porém, é que Klein possibilitou o desabrochar de obras como as de Wilfred R. Bion e Donald W. Winnicott. A França, que tem em Jacques Lacan sua menina dos olhos, passou ao largo dessa influência por muito tempo. Intuição precoce de uma verdade ainda por descobrir ou trágico engano?

W. R. Bion – Retorno ao pensamento

Dedicar um capítulo a Bion não significa apenas querer dissociá-lo de Melanie Klein e de seus discípulos – ou, ainda, do kleinismo clássico –, mas também reconhecer em sua obra uma originalidade particular que pode ser definida, entre outras coisas, por um retorno ao pensamento de Freud e por um resgate dos conceitos psicanalíticos do pensamento.

Não esmiuçaremos a teoria de Bion, e sim nos limitaremos a destacar os elementos que dizem respeito à pulsão de morte. Uma noção faz a ponte entre a teoria freudiana e aquela de Klein. Em *Além do princípio de prazer*, Freud conceitualiza os dois mecanismos essenciais da ligação e do desligamento como característicos do funcionamento de Eros e das pulsões de morte. Bion, por sua vez, fará do conceito de vínculo um pilar de suas ideias. Em seu célebre artigo "Ataques à ligação", ele afirma:

> Emprego a palavra *"vínculo"* para examinar a relação do paciente com uma função, e não com o objeto que cumpre uma função; não me interesso apenas pelo seio, pelo pênis ou pelo pensamento verbal, mas também pela função que exercem de elo de ligação entre dois objetos. (Bion, 1959/1994, p. 115)

Aparecem, nessa definição, duas ideias notáveis. A primeira é o interesse por uma teoria das funções. A expressão "relação de objeto" indica, pela primeira vez, o que é uma relação: uma função. A segunda introduz na concepção kleiniana a ideia de que o pensamento verbal estabelece uma ligação entre dois objetos. De fato, vale destacar que Bion foi o primeiro a se interessar pelo pensamento e pelo impacto de certos funcionamentos psíquicos sobre ele. Seguindo o pensamento de Klein em "Notas sobre alguns mecanismos esquizoides", Bion utiliza os mecanismos descritos por ela nesse artigo: clivagem, recusa, onipotência, evacuação e expulsão na identificação projetiva.

Bion dá muita importância ao último mecanismo. Ele é levado a descrever uma identificação projetiva "normal" em oposição a uma identificação projetiva "excessiva", assim como também postula uma clivagem infinitesimal (*minuto*) quase indetectável. A tese *princeps* de Bion se resume em um dilema: evacuar a frustração ou elaborá-la. A evacuação resulta, como em Freud, do acúmulo das tensões desagradáveis, que impede o funcionamento do pensamento. No psicótico, a frustração não está apenas ligada a uma satisfação libidinal isolada. "É a existência do analista-objeto que encarna a frustração de base com o desejo de rejeitar tudo o que vem dele. Quer dizer, destruí-lo e livrar-se dos fragmentos resultantes da destruição por todos os meios disponíveis". O ódio é reforçado pelos ataques assassinos àquilo que liga a dupla, contra a própria dupla e contra o objeto gerado pela dupla. Aqui, o papel do objeto é esclarecido. Cabe a ele se antecipar à ameaça e vivenciar o medo da criança, que despertou nele o medo de morrer. O que está em jogo nessa receptividade às identificações projetivas da criança é a *capacidade de rêverie* da mãe, que auxilia na construção da função alfa na criança, função esta que permite transformar as impressões brutas dos sentidos em material propício à elaboração pelo sonho, pelo mito, pela alucinação, pela paixão.

Não é mais somente a preponderância das pulsões de destruição que está em questão, mas também a infiltração nas pulsões de amor daquelas que abrangem a realidade interna e externa. Estas causam um terror de aniquilação iminente e desencadeiam uma formação prematura e precipitada de relações objetais precárias, constituída por uma fina camada psíquica – isto é, sem qualquer capacidade de absorção dos processos psíquicos.

É necessário contar com a transferência para perceber todos os efeitos que acabamos de descrever. Mesmo as funções psíquicas cuja formação requer vínculos *de facto*, como o sonho, devem ser reinterpretadas no âmbito da predominância destrutiva. Mais do que estimular a função integradora, eles são utilizados, na verdade, para a evacuação. É numa teoria do pensamento e do não pensamento que Bion desemboca – teoria que tanto falta ao pensamento kleiniano.

A grande originalidade de Bion é a concepção, junto com os fatores amor (A) e ódio (H), de uma terceira categoria fundamental, o conhecimento (K). Não teria essa categoria uma correspondência no pensamento freudiano? Não poderíamos considerá-la análoga à função de ligação, anterior ao princípio do prazer, à qual Freud é conduzido no final de *Além do princípio de prazer*?

Não obstante, o pensamento de Bion é ainda mais complexo. Ele estabelece uma distinção entre conhecimento positivo (+K) e conhecimento negativo (−K).[6] Este último é sustentado por uma onipotência, em que não saber é mais vantajoso do que saber. Eis o que aproxima Bion de Freud, teórico do masoquismo e da reação terapêutica negativa. Bion formula a hipótese de que os ataques destrutivos levam a evacuar uma primeira frustração. No entanto, em caso de essa frustração se repetir, Bion postula que toda a psique é evacuada em reação a essa repetição, estendendo o campo da destruição.

Bion não menciona explicitamente a pulsão de morte, mas ela se torna mais concebível, mais aceitável e – eu diria – mais pensável. Porque a verdadeira aposta das pulsões de destruição é esta: tornar o psiquismo impensável; fazer com que ele não possa ser pensado e com que a própria noção de causalidade seja destruída. "O modelo que lançarei para esse desenvolvimento (desenvolvimento hipertrofiado do aparelho de identificação projetiva) é o de uma psique que funciona de acordo com o princípio que evacuar um mau sonho equivale a tirar a subsistência de um bom seio" (Bion, 1959, p. 128). Essa equivalência mortífera leva, em certos casos, a que se prefira a ignorância pela evacuação ao interesse por uma compreensão, causa de prazer e fator de crescimento. A rigor, é melhor evacuar as tensões da vida e preferir a redução a zero da morte.

---

6 +K e −K de *knowledge* ["conhecimento" em inglês – N.T.].

D. W. Winnicott – O par indivíduo-ambiente

Como situar Winnicott? Quando foi à Nova York dar uma palestra em 1969, ele foi apresentado e considerado um kleiniano! Isso deve tê-lo surpreendido – justo ele, que gerava controvérsias entre os kleinianos há tanto tempo. E – eu acrescentaria – justo ele, que, ainda hoje, é o principal alvo dos ataques dos kleinianos. Não que algum dia ele tenha negado a profunda influência que Melanie Klein exerceu sobre seu pensamento, mas Winnicott sempre teve o cuidado de enfatizar seus pontos de discordância com ela. Ademais, diríamos que a guinada dos winnicottianos, na década de 1950, foi tão importante, em nossa opinião, quanto aquela que marcou a entrada de Melanie Klein na cena psicanalítica por volta de 1930.

Mas não houve dissidência somente em relação a Klein. Winnicott chegou muitas vezes a colocar no mesmo saco Freud e Klein para apontar sua discordância com eles. Pode-se dizer que o principal argumento de divergência é a crítica ao fato de se interessarem apenas pelo mundo interno e de desconsiderarem o papel do ambiente, isto é, da "patologia" materna, como se não fizesse qualquer diferença ter uma mãe normal, neurótica, depressiva ou psicótica. Não se trata de levar em consideração um papel patogênico direto, mas de indagar de que modo os traços característicos do comportamento materno contribuem para organizar a personalidade psíquica da criança.

A obra de Winnicott é considerável, e não pretendemos resumi-la aqui. Porém, Winnicott pronunciou-se bastante explicitamente sobre a pulsão de morte, e é sua argumentação que queremos relembrar.

Winnicott tem uma posição matizada em relação ao papel da destrutividade – não se trata, para ele, de pulsão de morte. Admite a influência considerável desta e a coloca em primeiro plano, como Melanie Klein. Sabemos que Winnicott foi incluído entre os partidários da relação de objeto. Na verdade, foi possível mostrar (Davis & Wallbridge, 1981/1992) que esse pertencimento foi mais comedido do que se dizia. Winnicott não acredita na existência do objeto desde o princípio da vida. *A natureza humana* (Winnicott, 1988/1990), obra inacabada, ajuda a esclarecer as ideias a respeito dessa questão.

Com efeito, Winnicott não acredita ser possível pensar nos primórdios da vida segundo a perspectiva de um indivíduo e de um objeto distintos. Para ele, na origem, ainda não existe um *self* individual capaz de separar o Eu do não Eu. Nesse estado primitivo de indistinção, existe apenas um magma confuso, e a observação do bebê não permite imaginar que haja para ele, nesse campo que supostamente o caracteriza, um lugar "onde haveria um espaço para se sustentar e ver" (Winnicott, 1988/1990, p. 171). Seria mais convincente conceber, na origem da vida psíquica, "uma unidade ambiente-indivíduo". Seria até mesmo mais admissível ligar o ser do par indivíduo-ambiente ao não ser no que diz respeito às primeiras formas dessa unidade. O ser nasceria na sequência das trocas entre os dois elementos do par. No entanto, esse novo ser emergente só adquire essa possibilidade de surgir do não ser porque ao objeto devemos atribuir uma atividade importante, mediante os cuidados que dispensa, sem que tenhamos qualquer possibilidade de identificar sob quais formas estes existem quando nos colocamos hipoteticamente no lugar do bebê – este, nesse estágio, não tem nenhuma consciência do ambiente ou dos cuidados que recebe enquanto tais. O desafio essencial, nesses primeiros estágios, é garantir a continuidade entre a vida intrauterina e a vida externa, assim como entre os diferentes aspectos da vida psíquica. Quando se desenvolvem de maneira satisfatória, as primeiras etapas evitam a reação de invasão que levaria a uma consciência prematura, portanto, incapacitante e parasitária do objeto. A situação tal qual Winnicott a apresenta, em condições normais, favorece o desenvolvimento da autonomia e da criatividade que já operam, preparando a gênese do objeto.

De todas as construções que conheço sobre o nascimento do objeto no início da vida psíquica, a de Winnicott me parece a mais convincente – eu diria, até mesmo, a única convincente. Ela leva em consideração vínculos que existem na realidade, mas dos quais a criança não pode ter consciência nítida. A criança os vivencia no sentimento de uma totalidade – embora dual –, sem qualquer consciência dos campos constitutivos da dualidade.

Diante de tal situação, o erro é apresentá-los sob rubricas distintas (ponto de vista de um observador externo), ou mesmo como desenvolvimento de uma das duas polaridades, ou, ainda, considerando apenas a ação de uma das duas polaridades: por exemplo, o objeto. Daí a ambiguidade do termo "relação de objeto". Relação entre quem e quem? Relação do objeto com quem? Descuido de linguagem que dissimula, na verdade, um desleixo do pensamento.

Decerto, a teorização de Winnicott é hipotética. Mas essa especulação é mais eloquente que o resultado de muitas pretensas verdades marcadas pela cegueira do observador acometido por uma rigidez psíquica. Winnicott prossegue: esse estado resultante do par indivíduo-ambiente, em que não há nenhuma consciência de qualquer objeto que seja, corresponde a um estado de "solidão fundamental", provavelmente relacionado com o que Freud denomina narcisismo primário. Este poderá ressurgir em certas regressões. Winnicott vê nele um equivalente daquilo que Freud atribui ao funcionamento ligado à pulsão de morte.

Esse estado primitivo não é facilmente acessível. Ele é encoberto pelo desenvolvimento de relações de objeto posteriores (tratar-se-ia, então, de algo que corresponde em Freud ao "recalque primário"?). Winnicott (p. 172) esclarece que imagina um "estado sereno de não vida que pode tranquilamente ser alcançado por uma regressão levada ao extremo". A aproximação proposta por ele com a pulsão de morte apoia-se na caracterização desse estado "anterior à animação da vida".

Winnicott nunca retomou esse raciocínio, que eu saiba, em sua obra publicada. É uma pena. Mas confrontemos sua argumentação com as ideias de Freud. Encontramos na origem, como em Freud, um estado a ser comparado ao narcisismo primário. Essa observação por si só seria suficiente para diferenciar Winnicott dos partidários, desde Michael Balint, das relações de objeto, para os quais *o narcisismo primário não existe*. Winnicott, portanto, não é um relacionista "absoluto". A originalidade da posição winnicottiana está em afirmar que o objeto existe (nos cuidados maternos que dispensa) e não existe (uma vez que não há um Eu para reconhecê-lo). Trata-se de uma solidão essencial? Será que estamos muito longe do recuo dos investimentos ao nível zero? É preciso aceitar a ambiguidade das situações que podem existir na realidade sem que existam, contudo, as organizações psíquicas necessárias para reconhecê-las. Trata-se, portanto, de escolher entre uma situação perceptível externamente, sem possibilidade de ser percebida internamente, e uma descrição que distingue de saída o indivíduo e o ambiente. Essa ambiguidade pode ser encontrada, em Winnicott, nos objetos transicionais, que são e não são o seio ou o objeto.

Podemos avaliar a importância da transformação winnicottiana. Percebemos, ao mesmo tempo, as diferenças em relação às hipóteses de Freud e suas transformações em Melanie Klein e Bion. Ao contrário do que afirmam os detratores de todos eles, o pensamento psicanalítico está em constante transformação. Demonstra menos rigidez do que flexibilidade quando a especulação é defendida de forma convincente. Não de maneira pseudorrealista, mas como produto de uma imaginação livre de preconceitos.

Algumas contribuições francesas – De Lacan a Balier

A psicanálise francesa foi incontestavelmente influenciada por Jacques Lacan durante o último meio século. Nada mais justo, portanto, do que começar por ele. Todavia, Lacan nunca se pronunciou claramente sobre a pulsão de morte. No início de sua obra, ela apenas está presente sob a máscara filosófica: a morte como Senhor Absoluto. Devemos relacionar o uso dessa expressão à influência de Hegel durante a elaboração da primeira parte da teoria lacaniana? Sem dúvida. Em todo caso, posteriormente, Lacan não mais se referiu a ela dessa forma. Será que podemos dizer, contudo, que desapareceram as ideias que essa noção abarca? Acredito que é possível associá-la ao conceito de gozo, na medida em que o gozo coloca suas formas indiretamente em relação com a pulsão de morte. Gozo no sentido de horror, tal qual expressam as formas graves de perversão, sejam elas destrutivas ou ligadas à psicose. Não obstante, a teoria da pulsão de morte permanece em suspenso.

Na filiação lacaniana, Jean Laplanche contesta resolutamente a teoria freudiana da pulsão de morte. À última teoria freudiana das pulsões, que opõe pulsões de morte e pulsões de vida, Laplanche prefere a sua própria teoria, que distingue pulsões sexuais de morte e pulsões sexuais de vida. As primeiras podem ser compreendidas em termos de caos, enquanto as segundas já apresentam um início de organização. Isso não equivaleria a adotar uma teoria monista da libido destrutiva ou construtiva? Em nossa opinião, cabe contrapor o caos, que é a condição do Id freudiano, ao nada, que é a tendência da inércia e do Nirvana à extinção (nível zero). Por exemplo, a inibição da pulsão não se deve à instalação do caos, mas sim à extinção de qualquer expressão da pulsão, capaz até mesmo de alcançar a autoconservação (anorexia).

Em outra perspectiva da clínica, Pierre Marty levou a sério as ideias de Freud, ao mesmo tempo que as modificava. A referência à destrutividade é certamente uma noção que diz muito aos psicossomatistas, os quais, às vezes, assistem a um triunfo da morte nem sempre justificada pela gravidade das desordens somáticas. Marty prefere falar, contudo, em "desorganizações contraevolutivas". Seja como for, as descrições dos psicossomatistas dão lugar ao conceito de pulsão de morte sem forçar os fatos. Retomaremos isso mais adiante. Ressaltemos que esse conceito só adquire sentido quando associado ao conceito de pulsão de vida.

Se voltarmos agora à clínica psicanalítica comum, a concepção de Jean-Claude Rolland se destaca por sua originalidade. Ele nunca deixa de se reportar ao artigo de Freud *Uma criança é espancada*. O acúmulo masoquista dos fracassos do Eu, a busca por sanções inconscientes que satisfaçam a necessidade de autopunição e a multiplicação das reações terapêuticas negativas, que levam à busca de tratamentos cada vez mais dolorosos, atestam, para ele, a intensidade da culpa inconsciente. Esta exige incessantes punições, que remetem à realização da fantasia de ser espancado pelo pai. Que a libido erótica, nesses casos, só possa ser agida, uma vez que carece de outras vias pelas quais possa buscar sua satisfação, tudo bem. Mas o que é feito do erotismo quando invocada a pulsão de morte? Será que podemos buscar a solução pelo lado de um sadomasoquismo generalizado? Não acredito muito nisso, pois, no mínimo, deveríamos falar em libido erótica degradada. Convém lembrar que o afeto inconsciente, para Freud, é desprovido de qualidade. No máximo, podemos contrapor estados de grande excitação pulsional e estados de apatia próximos à morte psíquica. Tratar-se-ia aqui, literalmente, de um transbordamento pulsional, fixado em sua meta e levando à despersonalização. Isso é demonstrado pela patologia dos casos graves de perversão. Nesses casos, não é o inconsciente que está em ação, mas o Id, com uma bipolaridade pulsional erótica e destrutiva.

É preciso lembrar, também, os trabalhos de Micheline Enriquez (1984), que versam sobre o que ela chama de "encruzilhadas do ódio". Ela destaca o complexo ódio-sofrimento e concentra sua atenção na paranoia, no masoquismo e na apatia. Assinala as afinidades eletivas entre paranoia e masoquismo. Já a apatia pode ser entendida como uma tentativa de domínio da morte psíquica.

Citemos também os trabalhos de Claude Balier (1996, 2005) sobre a psicologia criminal psicanalítica. Essas contribuições abalam nossas ideias sobre a destrutividade. Em 1966, Balier publicou o resultado de suas investigações acerca da patologia sexual nos comportamentos violentos. Seus relatos causam arrepios. O estupro é entendido como o efeito de uma compulsão. Trata-se de um processo coercivo. Quando precedido de produções psíquicas, estas são submetidas a uma recusa acompanhada de desidentificação. Muitas vezes, outras atuações o acompanham: suicídio, automutilação, estupro de outro detento. A atividade onírica é, com frequência, ocupada exclusivamente pelo pesadelo. Surgem também "fantasias": medo de ser estuprado ou o estupro de outrem. Temas psicóticos aparecem nos sonhos (infanticídio praticado pelos pais do indivíduo), sentimento de implosão com sofrimento psíquico intolerável.

São frequentemente identificadas muitas fobias pré-genitais que contêm mal uma histeria de conversão, ambas de caráter "primitivo", que testemunha uma ameaça de aniquilação, semelhante aos terrores noturnos. O sexual está a serviço da violência (Bergeret, 1984). O problema dos limites dentro-fora é levantado no que diz respeito às relações entre fantasia, percepção e alucinação. Se há uma imagem parental prevalente, é aquela da mãe: o objeto primário. No mundo interno, o bom é inacessível, o mau, sempre invasivo (Donnet & Green, 1973). O *acting-out* tenta uma resolução pela descarga do mau. Entre os afetos, predominam a raiva e a violência. A alucinação negativa (André Green) e o pictograma (Piera Aulagnier) ajudam a pensar a psique. Ademais, as fronteiras do Eu são mal-estabelecidas, pondo em xeque o limite dentro/fora (interno/externo) e o limite dentro/dentro (entre o consciente, o pré-consciente e o inconsciente). A defesa dominante é a recusa ou a clivagem. O conflito e o ato estão radicalmente clivados. Na verdade, os alicerces do Eu são frágeis: há o medo do colapso, acompanhado pela "confusão primária a três". Isso talvez possa ser explicado pelo fato de que, em muitos casos, o próprio futuro estuprador foi estuprado quando criança. Uma depressão narcísica pode estar, muitas vezes, no fundamento da psique. O assassinato é, com frequência, o resultado de uma onipotência, que é aquela de um Eu grandioso; o ódio é preponderante, assim como o sadismo, a apassivação (passividade forçada) e o medo de amar fazem parte do quadro clínico. O incesto é o modelo da perversão por excelência.

Claude Balier tenta uma construção metapsicológica convincente. Esta não envolve diretamente a pulsão de morte. É todo o psiquismo que regride: pulsão, narcisismo, projeção, abolição da dimensão objetal do outro como outro. Encontramos ali as expressões cruas da cena primitiva, a inquietude suscitada pelas imagos dos pais refletindo um fracasso da interiorização do falo. Essas formas de perversão avizinham a psicose, envolvendo ameaça de desobjetização, com o comprometimento do senso de identidade, o desejo de dominação e a alucinação negativa, que levam a uma espécie de abolição do sujeito. A ameaça de despersonalização paira sobre as passagens ao ato. O trabalho de ligação aqui revela sua deficiência.[7]

---

7 Os trabalhos de Rosine Perelberg e sua equipe de pesquisa (P. Fonagy, M.

Alguns anos depois, Balier retoma todas essas problemáticas num livro coletivo com seus colaboradores (2005, p. 146). As imagos parentais são questionadas: "Trata-se de uma figura paterna?". Resposta: "Sendo o pai admirado e inacessível, a figura que dele surge é *uma representação na linhagem direta do Eu Ideal*, daí a ideia de que seria melhor dizer a 'não mãe'" (Claude Le Guen). A segunda observação é a seguinte: por mais forte que seja a impressão de uma patologia de origem intersubjetiva, não deixa de estar envolvida a relação entre dois intrapsiquismos.

Cabe mencionar o papel da sociogênese da criminalidade que vem substituir a psicogênese. Por fim, vale ressaltar que a maior dificuldade para lidar com esses sujeitos reside em não esquecer que eles têm o direito de receber, por parte de seus terapeutas, o mesmo respeito devido a toda a humanidade.

A psicossomática de Pierre Marty

Dentre as patologias hoje denominadas somatoses (por analogia com as psicoses), algumas trazem problemas originais. O acometimento psicossomático foi identificado há muito tempo, pelo menos desde o século XIX. Quem é alérgico a violetas tem uma crise de asma ao ver um buquê de flores artificiais. São inúmeros os exemplos em que uma patologia crítica é desencadeada por efeitos de simulação. A chamada medicina psicossomática baseou-se, muitas vezes, numa etiologia de "choques", de traumas, que foi superada com o tempo. Do mesmo modo, o papel da sugestão foi destacado por muitos autores. Nos movimentos psicanalíticos ao

---

Target, D. Campbell etc.) lançaram muita luz sobre os problemas da clínica da violência em psicanálise. Cumpre observar que esses autores conseguem não se questionar quanto à pulsão de morte. Cf. Perelberg (2004).

redor do mundo, sempre houve médicos que descreveram quadros clínicos com base numa patogênese questionável, relacionando um sintoma somático e um evento psíquico. Assim, o hipertenso era "excessivamente tenso", quem tinha úlcera "vertia bile" e a pessoa nervosa tinha "os nervos mais fortes que o sangue". Essa concepção, enraizada na sabedoria popular, não levou muito longe. Quando a psicoterapia era indicada na luta contra esses estados, recomendava-se, na maioria das vezes, uma psicoterapia de apoio, até mesmo a hipnose (novamente em voga), e, hoje, as terapias cognitivo-comportamentais. Terapias de curta duração e de ação rápida eram preferidas. Tratava-se de limpar o psiquismo desses incômodos desnecessários.

Havia, mundo afora, uma grande diversidade de escolas, em que se destacaram nomes célebres: Franz Alexander, Helen Flanders Dunbar, Medard Boss, entre outros. Na França, devemos citar especialmente René Held e Michel Sapir. Na verdade, apesar do interesse manifestado por muitos psicanalistas, ainda não havia uma concepção psicossomática verdadeiramente específica. Foi com Pierre Marty, fundador da Escola de Psicossomática de Paris, que nasceu uma nova concepção psicanalítica. Aos poucos, essa escola estendeu sua influência internacionalmente e tornou-se reconhecida, embora muitos psicanalistas continuassem a discordar das concepções de Marty.

Não mencionaremos todas as áreas em que os progressos da psicanálise permitiram avançar: raquialgias, cefaleias, alergias, retocolite ulcerativa, glaucoma, dermatoses etc. Vamos nos ater a algumas ideias que foram levantadas por Pierre Marty e seus colaboradores Michel Fain, Michel de M'Uzan e Christian David (cf. Marty, M'Uzan & David, 1963). Após a morte de Marty, sua teoria foi desenvolvida por Claude Smadja, Marilia Aisenstein, Gérard Szwec. Já Michel de M'Uzan desenvolveu sua própria concepção.

Com de M'Uzan, Marty descreveu, em 1962, o "pensamento operatório", que depois se tornou a "vida operatória" (Marty & M'Uzan, 1962). Muito resumidamente, tratava-se de uma forma de descrever o psiquismo de certos indivíduos, habitados por um pragmatismo corrosivo que despoja aos poucos sua vida psíquica de toda a vitalidade – de todo o desejo –, levando-os a pensar, sentir e raciocinar de uma forma que os dispensa de qualquer recurso à fantasia. Esse comportamento psíquico merece várias considerações:

I. A referência a um *funcionamento mental* – uma noção especificamente francesa, pouco utilizada em outros países – em que se constata uma falta de flexibilidade e de vitalidade do psiquismo, que não leva em conta o equilíbrio psíquico entre as diferentes modalidades: linguagem, atividade onírica, fantasias, afetos, passagens ao ato, somatização etc. E no qual se observa que as formações oriundas do caráter (neuroses de caráter e de comportamento) desempenham um papel preponderante. Costuma-se comparar o funcionamento mental do neurótico ao do psicótico. Agora, é preciso pensar em colocá-lo em paralelo com o do paciente psicossomático.

II. *Irregularidade do pré-consciente*: o papel do pré-consciente, que é, como sabemos, a parte do inconsciente suscetível de se tornar consciente, tem sido reconhecido na psicanálise contemporânea como cada vez mais importante para o equilíbrio psíquico. Segundo Marty, a "espessura" do pré--consciente deve ser levada em consideração como zona tampão entre o inconsciente e o consciente. Marty fala em "folheamento" do pré-consciente, imaginando uma sobreposição de camadas em que ocorre a elaboração psíquica. Porém, de acordo com a teoria de Marty, o pré-consciente registra, mas não transmite, ou seja, suas mensagens não são recebidas pelo psiquismo consciente.

III. Com efeito, essa constatação vai de mãos dadas com a *pobreza da vida fantasmática* desses pacientes. Observa-se que, às vezes, a vida fantasmática, longe de estar ausente, não está, em última instância, integrada à vida psíquica, desenrolando-se como se fora dela estivesse.

IV. O *funcionamento operatório* completa esse quadro em que se observa uma mecanização do psiquismo, que praticamente não associa. Os discursos desses pacientes são estereotipados, não passam pela vida psíquica associativa. Nascem e morrem no mesmo lugar, enterrados num "é só isso" que proíbe qualquer desenvolvimento e, consequentemente, empobrece as deduções possíveis de se fazer a partir das relações entre associações.

É necessário distinguir, no entanto, pacientes que apresentam apenas alguns traços psicossomáticos de outros que têm um verdadeiro perfil psicossomático. Dentre as defesas típicas, já foram descritos os procedimentos *autocalmantes*, que, nesses casos, ocupam o lugar dos autoerotismos e desempenham menos um papel de satisfações substitutivas do que de extinções por esgotamento.

A essa configuração geral, podemos acrescentar sinais de gravidade:

I. O quadro da *depressão essencial*, sem perda de objeto ou conflito psíquico significativo, constituído por uma atonia, por uma redução da vitalidade psíquica e por uma diminuição da energia, que evoca uma morte psíquica anunciada.

II. A extensão progressiva de uma *vida operatória*, marcada pela monotonia e pelo embotamento do psiquismo, que parece aplainado e apático.

III. O avanço em direção a uma *desorganização progressiva*, em que tanto os processos psíquicos como os somáticos refletem o que Marty chama de "desorganizações contraevolutivas" – que sugerem o domínio das pulsões destrutivas.

O que pensar do papel da pulsão de morte nessas ocorrências em que os mecanismos vitais parecem neutralizados? Sem abusar da linguagem vitalista, isso significa que, como os conflitos psíquicos não podem ser elaborados, o "ruído da vida" é abafado. O silêncio, base sobre a qual agiriam as pulsões de morte, segundo Freud, nutre a psique com um desligamento desorganizador. Ocorre de os quadros clínicos evoluírem, apesar do tratamento adequado, para um estado de agravamento físico que pode levar à morte.

Essas são as características a serem lembradas nos casos de patologia psicossomática. Essas ideias suscitaram muito interesse nos meios psicanalíticos, tanto na França como em outros países, e têm permitido a difusão das concepções psicanalíticas da Escola de Paris. As polêmicas, contudo, não acabaram. A concepção da Escola de Psicossomática de Paris pode ser significativamente contrastada com aquela dos autores kleinianos e anglo-saxões em geral.

Vemos que essas teorizações levam muito a sério a diferença entre as ideias da Escola de Paris e a teoria oposta que se baseia na conversão (Valabrega, 1980). Todavia, enquanto a ideia de conversão generalizada dificilmente foi confirmada, a psicossomática tem recrutado cada vez mais adeptos.

Cada vez mais, impõe-se a ideia de um paralelo entre psicose e somatose. As ideias apresentadas nos últimos anos sobre a comparação entre a forclusão lacaniana e a vida operatória suscitaram interessantes discussões. Noções como a alucinação negativa também encontram aplicação aqui, não sem relação com a alexitimia[8] de Peter Sifneos (1975). Em suma, o trabalho do negativo vê abrir-se um novo campo de investigação.

Por fim, esses casos exigem modificações técnicas significativas. Obrigam que se encontrem soluções alternativas ao tratamento psicanalítico padrão: por exemplo, face a face, sessões menos frequentes, aplicação de uma "conversa psicanalítica" (Roussillon, 2005), dada a impossibilidade de instaurar um *setting* clássico. Cada vez mais, as patologias psicossomáticas fazem parte dos campos de investigação da terapêutica psicanalítica. Encaixando-se mal no modelo de neurose que serve de referência para o tratamento psicanalítico padrão, elas correspondem, de modo geral, ao que os psicossomatistas chamam de neuroses de mentalização insuficiente.

Desajuste da autoconservação

Se falamos em pulsão de morte, levando às últimas consequências a meta por ela buscada, o objetivo de uma tal força é conseguir a extinção do indivíduo. Todavia, são poucos os exemplos citados que corroboram essa tese. A psicossomática do adulto nos apresentou quadros clínicos que podem evoluir para a morte com a desorganização essencial. Porém, por mais impressionantes que sejam, esses casos estão longe de ser os únicos que levam os pacientes à morte. Sem a pretensão de sermos exaustivos, gostaríamos de acrescentar a esse conjunto os casos de desajuste da

---

[8] Alexitimia é a impossibilidade de ler os próprios afetos e, portanto, de verbalizá-los.

autoconservação. Podemos dividi-los em duas categorias: transtornos alimentares e toxicomanias.

Os transtornos alimentares resultam, em parte, de uma inibição maciça do apetite, suporte da autoconservação. A inibição ocupa um lugar discreto na obra de Freud. Podemos nos reportar, é claro, a *Inibição, sintoma e angústia* (1926). Apenas quatro páginas introduzem o assunto naquele que será o livro-chave de Freud sobre a angústia. Isso é bastante insuficiente, mas é melhor do que nada. Sem se excluírem, inibição e sintoma podem associar-se. Freud se limita, então, a designar as quatro funções em que identifica isso: a função sexual, a alimentação, a locomoção e o trabalho profissional. Uma diferença salta aos olhos imediatamente. Podemos sobreviver sem sexualidade, sem nos movermos e sem trabalhar. Não podemos viver sem comer. As greves de fome, levadas a cabo, culminam na morte dos grevistas. Tudo, portanto, predispõe a inibição alimentar a um destino particularmente grave. Freud usou inúmeras vezes o aforismo segundo o qual a fome e o sexo governam o mundo, mas não dedicou nenhum estudo específico à anorexia.

O consumo alimentar (e o ganho de peso) é fonte de angústia para o anoréxico. Também a bulimia tem a ver com um desajuste desse mecanismo de autoconservação, sem levar às mesmas consequências, embora a obesidade crônica e incurável tenha impacto na saúde. Nesses casos, o vômito oferece uma solução parcial, como também para os anoréxicos, que vomitam após as refeições. "Vou fazer como os romanos",[9] dizia o pai de um de meus pacientes, ele próprio muito preocupado com seu peso e sua forma física e grande admirador de mulheres esguias, "cintura de manequim".

---

9 Possível referência ao provérbio "Quando em Roma, faça como os romanos", atribuído a Santo Agostinho. [N.T.]

Freud (1926/1992a, p. 207) chama esses estados de "restrições funcionais do Eu". Atribui a causa deles a uma autopunição devido à sexualização da função, seja por precaução, seja por meio da redução de energia. Essa patologia – especialmente a anorexia – parece ter tido um forte crescimento, a julgar pelo número de estudos dedicados a ela (Jeammet, 2005; Brusset, 1977; Combe, 2002). Não poderemos nos deter nos achados e nas hipóteses desses autores, pois eles são complexos, tanto quanto o tema. Vale assinalar, de passagem, que os métodos coercitivos do passado sobreviveram, a relação psicoterápica assumindo o primeiro lugar. Psicoterapia bem adaptada ao caso dessa patologia hipersensível a qualquer rejeição, a qualquer frustração, a qualquer incompreensão. Colette Combe defende uma posição original verdadeiramente psicossomática, chamando a atenção para a constância de uma perturbação do equilíbrio hormonal como um dos sinais mais discretos do desenvolvimento de uma anorexia.

É com satisfação que podemos constatar curas frequentes atualmente. Vale assinalar que a terapia mostra a constância da má aceitação da sexualidade feminina (fobia da transformação de um corpo juvenil em um corpo dotado de "atrativos": seios, barriga, nádegas). O sujeito busca ocultar, tanto quanto possível, essas marcas de diferenciação sexuada. A recusa do sexo, a recusa da relação com o outro sexuado, os conflitos pré-genitais com a imagem materna acabam por levar à recusa da vida. Pode-se morrer de anorexia.

A bulimia, frequentemente sem anorexia, pode coexistir com um apetite totalmente sadio, manifestando-se em crises. Quando uma crise é desencadeada, todo o conteúdo do refrigerador passa por ali, em desordem, com ou sem vômito. Além disso, medidas contra uma possível obesidade são adotadas: vômitos, laxantes para achatar o estômago, ginástica intensa, esporte exaustivo, entre outras. Pela minha experiência, a bulimia se instala no início de uma reação agressiva, destrutiva, a um ente querido: mãe, irmã etc. O sujeito espanta-se com essas interpretações propostas pelo analista, pois será necessário muito tempo até que possa tomar consciência da hostilidade muito destrutiva que dirige a um ente querido, de quem, aliás, é dependente, ou foi durante a infância.

Pode parecer questionável incluir no mesmo capítulo a toxicomania, que também está se tornando mais frequente devido ao acesso mais fácil às substâncias tóxicas. Sem a pretensão de uma competência que não tenho para tratar desse assunto especializado, eu distinguiria, empiricamente, as "drogas que matam rapidamente" e aquelas que, por sua ação mais benigna e mais lenta, só manifestam seus efeitos nocivos tardiamente, sem comprometer o prognóstico vital. Vejam que estabeleço aqui uma diferença entre a heroína e o resto, mesmo que existam outras drogas muito perigosas com as quais seus usuários brincam de trapacear a morte.

É desnecessário lembrar a gravidade das condutas antissociais de indivíduos em abstinência. Trata-se menos de estigmatizar comportamentos do que de enfatizar que a falta gera um verdadeiro delírio para obter a droga, espoliando pai e mãe, se necessário. Também nesses casos, o analista precisa de uma experiência muito longa para saber resistir à sabotagem, ao desânimo, ao desespero diante das recaídas, até que surja uma possível abertura, muito tempo depois. Mas temos de dizer: a *overdose* é um suicídio que se ignora. Muitos familiares pretendem se consolar distinguindo uma *overdose* da tentativa de suicídio. Vã distinção, cuja explicação superficial não faz senão mascarar as feridas muito dolorosas, para quem está ao redor, de um ato tão desesperado.

Como podemos ver, em todos esses casos, a pulsão de morte não é apenas uma expressão metafórica. Deve ser tomada ao pé da letra. Mas os mercadores da morte que traficam drogas não se importam. Como disse um deles que queria fazer um jornalista se sentir culpado: "eu tenho que viver".

Unidade e diversidade das depressões

Seria paradoxal não dedicar um estudo específico à melancolia, que Freud designa, em 1923, como "pura cultura das pulsões de morte". O texto escrito em 1915, *Luto e melancolia*, é indiscutivelmente um dos seus estudos mais acabados. Já por volta de 1909, Freud mantinha uma discussão –essencialmente epistolar – com Karl Abraham, a quem devemos algumas das intuições mais importantes sobre o tema, em particular, sobre a fixação oral. Mas, como Freud assinalou a seu discípulo, a melancolia é, acima de tudo, um problema tópico. Devemos entender com isso que a divisão do Eu, entre uma parte identificada com o objeto para substituir sua perda e uma parte que continua a cumprir suas funções tradicionais, introduz um novo mecanismo na psicopatologia freudiana. Os outros componentes da melancolia (regressão à fase oral, fixação canibalística, predominância do ódio, prevalência narcísica), embora mantenham sua importância, ficam atrás do problema tópico. De fato, imaginar que o Eu possa se clivar para que uma parte dele venha ocupar o lugar do objeto perdido é uma intuição fundamental e identifica claramente a regressão narcísica que afeta o Eu. Daí a ambiguidade do suicídio. Quem é morto? O próprio sujeito ou a parte do outro que, por ocasião de sua perda, é substituída por uma parte do Eu? Nem sempre é fácil saber. Isso nos permite compreender a complexidade da intervenção da pulsão de morte.

Por muito tempo, a discussão concentrou-se no caráter único ou plural das formas depressivas. Decerto, conhecemos várias formas de depressão: a *depressão reativa*, após um evento vivenciado como traumático; a *depressão sazonal*, relacionada à falta de luz no inverno; a *depressão involutiva*, causada pelos efeitos da idade no cérebro; a *depressão essencial* das psicossomatoses, entre outras. Porém, na prática, em situações comuns, o problema é diferenciar *melancolia* – psicose unipolar ou bipolar – e *depressão neurótica*.

Deve-se dizer, em primeiro lugar, que, durante um tratamento psicanalítico, raramente falta a reação depressiva. Na abordagem de problemas cruciais e difíceis na transferência, não é raro que se instale um período regressivo, portador de todos os traços da depressão. Quer se trate de uma tomada de consciência da dimensão da culpa inconsciente ou de uma desvalorização narcísica, um fracasso amoroso ou profissional, do sentimento de decepcionar o analista e de não poder corresponder ao que se acredita serem suas expectativas, as razões convergem para a formação de um quadro clínico dominado por pessimismo, desânimo, apatia, resignação e retraimento. Esses episódios, com ou sem análise, podem se repetir e, às vezes, até levar a tentativas de suicídio, porém com menor frequência do que no curso de estados melancólicos. Podem ser de curta duração, e desaparecer com ou sem medicação, ou, mais frequentemente, após o uso de antidepressivos que podem variar dos mais leves aos mais pesados. O tratamento com antidepressivos pode ser utilizado e geralmente é eficaz. Porém, dá ao paciente a impressão de estar "fora de si", como se fosse pouco afetado pelas mudanças que estão ocorrendo nele. A sugestão de que não é necessário ir além da recaptação da serotonina é fruto de um pensamento psiquiátrico fármaco-mecânico que favorece, muitas vezes, a negação da atividade psíquica. Hoje, ele é denunciado pelos próprios psiquiatras. Atualmente, um luto comum, uma desilusão sentimental, um problema conjugal ou profissional justificam, na visão dos clínicos gerais, a prescrição de um antidepressivo. Por que sofrer desnecessariamente, esforçando-se para ignorar – fruto de uma defesa maníaca camuflada – que o sofrimento faz parte da vida? Esse "hedonismo químico" é, deve-se dizer, desumanizador. Até mesmo os animais podem entristecer-se.

Descrevi uma forma depressiva que denominei "mãe morta". Ao contrário do que a expressão parece indicar, trata-se da depressão de uma mãe viva que, após um evento alheio ao filho, perdeu a vontade de viver, ou seja, o prazer de cuidar da criança de forma viva, com a parte da alegria que normalmente acompanha os cuidados maternos. Não vou retomar a descrição detidamente. Convido o leitor interessado a buscá-la (Green, 1980/1983a). Essa síndrome costuma ser descoberta na transferência e desafia o analista. Muitos autores corroboraram essa estrutura clínica.

Sem dúvida, serão detectadas outras formas clínicas ainda ignoradas pela tradição. O essencial, em meio a essa pluralidade de transtornos depressivos, é trabalhar para trazer à tona a unidade profunda das fixações e das defesas depressivas. Da depressão essencial, em princípio não conflituosa – depressão quase no sentido atmosférico do termo –, à depressão involutiva, atribuível sem possibilidade de erro ao estado cerebral, todas as nuances da gama depressiva se manifestam. Das depressões melancólicas graves, persistentes, recorrentes – para as quais resta, muitas vezes, o recurso à eletroconvulsoterapia após o fracasso da medicação –, até o "simples" conflito afetivo, profundamente organizado, com alguma ameaça ou a realidade da perda do amor do objeto, são diversas as ocasiões e as circunstâncias que podem contribuir para o desencadeamento da depressão.

Devemos incriminar sempre e em todos casos as pulsões de morte? Não é possível afirmá-lo, exceto quando há ideações ou sérias ameaças de suicídio. E, mesmo assim, isso é discutível. Todavia, quanto mais estivermos lidando com um "narcisismo fechado", impermeável à relação com o outro, portador de um verdadeiro delírio, como na melancolia, mais se justificará a suspeita da influência das pulsões autodestrutivas. A diversidade da vida se encarrega de fornecer uma compreensão *a posteriori* do transtorno depressivo e de suas causas, que podem ser avaliadas pelo coeficiente narcísico, pela precocidade das fixações e pela intensidade do ódio inconsciente.

Suicídio(s): *patologia e normalidade*

Estranhamente, o suicídio está pouco presente nas argumentações de Freud sobre a pulsão de morte. No entanto, é a principal preocupação dos psicanalistas diante de um caso de melancolia. E a melancolia, justamente, é descrita por Freud em 1923 como "pura cultura das pulsões de morte". Talvez Freud não tenha mencionado o suicídio por ele não estar organicamente ou exclusivamente ligado à pulsão de morte e por incluir motivações complexas, como a de matar alguém matando a si mesmo. A questão permanece um mistério.

De toda maneira, o suicídio é, também, a grande preocupação do analista nos momentos difíceis do tratamento. Seja qual for o ponto de partida da patologia que leva ao suicídio, o momento suicida é, na verdade, aquele em que a destruição se volta maciçamente contra o Eu. Esse momento pode ser observado nas mais diversas estruturas. A histeria teatral consegue surpreender pela passagem ao ato, mas também as neuroses de caráter, os casos limítrofes e certas psicoses que não a melancolia (paranoia). Conscientemente, deparamos com uma gama de estados que vão desde o desejo de acabar com um sofrimento que se tornou intolerável até o desespero extremo que caracteriza a melancolia. Mas também podemos observar a ocorrência de um movimento impulsivo, de um *raptus* que nada permite prever, coincidindo com o sentimento que o analista pode ter do sujeito envolvido num impasse do qual o único modo de sair é dizendo "não" à vida, num ímpeto que implica o desejo de acabar com ela. Vemos que não é possível invocar unilateralmente as forças de destruição, embora estas sejam mobilizadas ao máximo na passagem ao ato.

A agressão é dirigida contra alguém antes de ser dirigida contra o próprio sujeito. Assim, o desejo de atingir os pais – com frequência o pai, para censurá-lo por sua passividade e seu desinteresse – está, às vezes, em primeiro plano. Mas a mãe, objeto das fixações mais antigas, orais, também é visada. Esse ataque aos pais é percebido mais pelo entorno do que pelo próprio sujeito antes de se suicidar; este aferra-se menos à ideia de acabar com sua vida do que com seu sofrimento, recusando-se a reconhecer, às vezes, qualquer intenção agressiva para com os pais. Embora a transferência a mostre bem, essa intenção permanece opaca para o sujeito e é recusada quando evocada pelos outros. Esses desejos são inconscientes. Não se contentam em expressar uma pulsão de agressão, mas também desejam atingir o Eu. Em outras palavras, o narcisismo é afetado, resultando num sentimento de insuficiência, de fracasso, de depreciação e, sobretudo, de perda da esperança de que a situação se modifique.

Sustentei a ideia de que o suicídio pode ser causado pelo desejo de acabar não com a vida presente em si, mas com um futuro que só poderia piorar (Green, 1994). Retirar-se da vida significa interromper o progresso invencível do mal. É entregar-se ao desaparecimento definitivo de si mesmo para não mais sentir, todos os dias mais e mais, a própria enfermidade. Pode-se destacar, também, o sentimento, muito difícil de suportar, de não ser mais que a sombra de si mesmo e de estar oferecendo ao outro este espetáculo, acentuando cada vez mais uma deterioração que é tanto mais difícil de ser vivenciada na medida em que se produz em sujeitos cujo narcisismo é frágil e projetivo. Cabe lembrar, aqui, uma observação muito pertinente de Freud, em *Luto e melancolia*, que assinala o contraste entre uma forte fixação no objeto e um baixo investimento.

A fixação é, como sabemos, oral-agressiva; a pobreza do investimento remete ao modo como ele pode ser retirado em caso de decepção por parte do objeto. É necessário repetir que, na depressão suicida, trata-se menos de uma questão de frustração do que de decepção. Decepção com o objeto, do qual é esperado muito, provavelmente de forma irrealista, mas, acima de tudo, decepção em relação à própria autoestima. Percebe-se que nossas descrições se avizinham da melancolia, quando prevalece o desejo de não mais existir, num ato alimentado por censuras dirigidas tanto a outrem quanto a si mesmo. A outrem nas depressões neuróticas, a si mesmo na melancolia. O desejo de autopunição é patente, assim como o de deixar nos outros a marca desse ato. "Veja o que você fez comigo. Você não soube inspirar em mim o amor pela vida, a esperança no futuro, a autoconfiança e a confiança nos outros." Há, nesses casos, uma recusa do reconhecimento do amor que os outros têm pelo sujeito. Uma projeção sobre os outros da incapacidade de amar.

É em vão insistir neste ponto: ninguém sabe, nem pode saber, o que é a morte – como evidenciam as especulações sobre a vida após a morte, que buscam aplacar a angústia de um vazio incognoscível. Mas, pelo menos para aquele que busca o suicídio, assim como para os outros, a morte é concebida como uma paz da alma finalmente alcançada. Esse pensamento alivia os tormentos da vida, o sentimento de não ser amado e de nunca poder ser. Ocorre mesmo que certas tentativas bem-sucedidas levem os outros a terem um pensamento semelhante sobre aquele que se suicidou e sobre os que falecem após uma dolorosa doença incurável: eles não sofrem mais. Os sofrimentos não podem ser minimizados, mesmo nos casos em que não se trata da melancolia. Em certas formas de psicose, o que pode tornar a vida odiosa é o sentimento de ser constantemente invadido, parasitado, colonizado por um objeto que despoja a identidade, ferido pela existência.

Às vezes, o suicídio fornece supostamente a prova de que o sujeito é tão pouco apegado à vida que está disposto a abandoná-la a qualquer momento. Assim, Kirilov se retira do universo dostoievskiano e oferece sua vida a quem a pede como prova de que Deus não existe. Esta metáfora sugere, talvez, o desejo de provar que esse universo é absurdo, que não tem sentido e que, portanto, o suicídio não é uma ofensa a Deus, uma vez que Deus não existe. Consentir tal autossacrifício significa atribuir-lhe muita importância.

Por vezes – ou mesmo com muita frequência – é a situação oposta que se apresenta. Em muitas religiões, amar a Deus é sofrer por ele. Os primeiros seguidores de seitas que precederam o cristianismo se orgulhavam de ter sofrido e até sacrificado suas vidas pelo Senhor da justiça. Não há necessidade de remontar tão longe na história, repleta de mortes sacrificiais.

Durante a redação deste livro, alguém que estava ciente do meu propósito perguntou-me se eu abordaria o assunto dos assassinos--suicidas, impropriamente denominados camicases. Invoquei minha ignorância: nunca conheci de perto ou de longe esses homens ou mulheres. Isso não é razão, contudo, para impedir uma reflexão sobre o tema. Parece-me que os assassinos-suicidas representam, para nações em guerra não dotadas de recursos tecnológicos sofisticados, algo como a arma absoluta. Para além do fato de que o herói imolado, em certos casos, é esperado por setenta virgens no paraíso (setenta! É o suficiente para satisfazer os apetites mais vorazes), e a família recebe uma compensação financeira – preço de seu herói sacrificial, há aí algo sobre o que refletir. Por um lado, é a negação de qualquer desejo individual – exceto o de se sacrificar pela causa – que resulta numa completa identificação com a arma utilizada (a bomba), e, por outro lado, o meio almejado de vencer a qualquer custo. Como vencer alguém que joga antixadrez (quem ganha é quem perde), ignorando o desejo de salvar a própria vida? Aqui, a perda humana é compensada por um ganho para a divindade. Na *Ilíada*, cada combatente defendia sua própria pele pagando muito caro. Os deuses interferiam na batalha: desviavam as flechas lançadas contra o inimigo, mudavam a trajetória da lança que deveria atingi-lo. Para os assassinos suicidas, nenhuma dessas peripécias precisa acontecer. Nenhum deus precisa ser invocado para dirigir a destruição contra o sujeito – e contra outros. Essa inversão da autoconservação sugeriria a autodestruição, mas o camicase retrucaria que esse é simplesmente o modo mais certo de matar o outro. Seria isso um suicídio? Você não pensaria assim! Um mártir, mais provavelmente.

Não tratarei aqui dos aspectos sociológicos do suicídio, que começam a ser bem conhecidos e lançam um outro olhar sobre a questão. Em suma, falar a respeito do suicídio significa aceitar posicionamentos que vão desde a mais estreita intimidade com a derrota do desejo de viver até outros mais distantes, que consideram o fenômeno tão somente pela óptica das estatísticas, com a preocupação de comparar populações. Durkheim (1897/2004), em seu estudo sociológico sobre o suicídio, não nos ajuda a entender *pessoalmente* em que consiste. Embora a psicanálise possa fazê-lo, seus argumentos ainda não são capazes de conter esse desejo de deixar de viver. Será que consegue impedir a morte dos toxicomaníacos "heroicos" ou dos pilotos de Fórmula 1? O risco de morte faz parte da emoção de viver. O que mais se pode fazer? Jogar tarô no sábado à noite? Não, obrigado! Então, cada despertar é uma ressurreição, cada vitória, um novo nascimento.

Um último ponto. O suicídio é uma tentação recorrente. Certos pacientes fazem cinco, dez, vinte tentativas até aceitarem viver. Bem versados em produtos e doses letais, chegam até mesmo a se espantar quando despertam, depois de terem seguido todas as orientações que os levariam ao além. Surpreendem-se por terem de admitir que, talvez, não quisessem morrer tanto quanto pensavam.

Uma questão divide os pesquisadores: todo suicídio é sempre patológico? Existem suicídios normais, considerados atos lúcidos? Eu não saberia responder com certeza. Tudo o que sei é que, se eu sofresse de uma doença grave e incapacitante, que restringisse minha condição física e principalmente psíquica, gostaria de poder decidir sair de cena sem ser suspeito de ter cometido um ato insano. Acontece também de, acometidos pela invalidez ou pela perda da consciência de nossa condição (Alzheimer), sobrevivermos.

Foi um ato desse tipo, que permitisse a ele morrer com dignidade, que Freud solicitou ao seu médico, Max Schur. Ajudá-lo a dar o passo definitivo quando chegasse a hora. Ninguém pensou em questionar os malefícios da pulsão de morte. Ele achava que era hora de parar e pediu que a morfina fizesse seu trabalho para poupá-lo do sofrimento inútil. Foi Max Schur que a administrou, levando-o a uma morte tranquila. Um destino que eu invejo.

Breves considerações sobre a clínica

A teoria da pulsão de morte defendida por Freud em relação à compulsão à repetição interpretava de forma inédita os estados psíquicos observados durante o tratamento: neuroses, depressões, casos limítrofes e, às vezes, psicoses. Os dois campos clínicos que abordamos, a psicologia criminal e a psicossomática, diferenciam-se de maneira significativa. Na psicologia criminal, o quadro é dominado pelo que Balier chama de "recurso ao ato", ou seja, a solução pelo ato aparece como compulsão, nenhuma elaboração psíquica sendo esperada em tais estruturas. Ao contrário, na psicossomática, a somatização parece ser o recurso imposto pela falha na organização psíquica, que sofre de uma carência ao nível do pré-consciente. Em outras palavras, essa solução nos obriga a distinguir entre "corpo atravessado pelo significante" (Lacan), que pode explicar a conversão, e somatose e passagem ao ato, casos em que, *no nível do sintoma*, não pode ser invocada nenhuma estruturação pelo significante.

Temos, assim, uma simetria interessante. Tudo se passa como se a "coisa mental" não representasse mais que uma parte "psiquicizada" de um todo maior. Percebemos o pleonasmo. O psiquismo é a parte psiquicizada. Na verdade, se a psiquicização parece tautológica, é porque resulta difícil de definir. Podemos dizer, resumidamente, que, centrada pela pulsão, ela é capaz de evoluir, graças às suas representações, para uma forma de relação com o Outro. O Outro existe de modo explícito e cumpre seu papel na construção dos sintomas e do quadro clínico. Se isso pode ser facilmente ilustrado pelos quadros apresentados pela psicologia criminal, é de aplicação menos fácil na psicossomática. Já destacamos o papel da somatose, na qual está em ação um corpo não significado. Acrescentamos que, nesse caso, o inconsciente é colocado *hors-jeu* (fora de jogo); ou seria *hors Je*[10] (fora do Eu)? A sintomatologia o curto-circuita e alcança zonas psíquicas aquém do princípio do prazer.

As ocorrências da pulsão de morte se manifestam muito além do princípio de prazer, onde a morte, tanto a de outrem como a do próprio sujeito, é barrada apenas insuficientemente por um psiquismo "esburacado".

---

10 Em francês, *jeu* (jogo) e *Je* (Eu) pronunciam-se quase da mesma maneira, possibilitando um jogo de palavras. [N.T.]

Eis a coerência do pensamento clínico. Caberia esperar, sem dúvida, novos aprofundamentos acerca desse paralelo entre passagem ao ato externo e passagem ao ato interno (Green, 1973).

Fermata

Mais de meio século depois da publicação, em 1920, do texto revolucionário de Freud, seu impacto na comunidade analítica ainda se faz sentir. O que dizer? Talvez a situação possa ser resumida assim: "As palavras foram recusadas, mas a coisa, de modo geral, foi reconhecida". De fato, embora custemos a encontrar na posteridade freudiana a expressão "pulsão de morte", somos obrigados a constatar que, desde Ferenczi até hoje, o problema central da psicanálise reside, sem dúvida, nas diversas formas de destrutividade. Essa regularidade é reveladora e problemática ao mesmo tempo, pois se cumpre às expensas do sexual, constantemente perdendo terreno para novos conceitos. Com efeito, depois de Freud e Ferenczi, com Melanie Klein, uma mutação teórica modificou a perspectiva da psicanálise. Coube aos autores posteriores aprovar ou, de modo mais geral, combater o ponto de vista kleiniano, tanto quanto a teoria freudiana, se não mais. Entretanto, a reflexão sobre a pulsão de morte não se encerra com os autores posteriores a Klein. Após a morte de todos os grandes nomes da psicanálise que aqui destacamos e cuja posição resumimos, surgiu uma nova geração. De fato, não é possível virar a página da pulsão de morte sem podermos examinar, uma vez mais, o conceito freudiano em todos os seus aspectos. É por essa razão que nosso comentário não se encerra com as contribuições contemporâneas, e segue "rumo à nascente", na direção da obra do inventor da pulsão de morte. Por mais discutíveis que sejam suas ideias, são elas, em meu ponto de vista, as que mais dão a pensar.

3. A pulsão de morte no campo social

O mal-estar na civilização

A pulsão de morte na cultura

Há quem goste de lembrar a influência da formação de Freud em biologia para a teoria que construiu. Isso é indiscutível. Entretanto, ainda que não tivesse nenhuma formação em antropologia e sociologia, é por escolha que se volta para essas disciplinas.

Já em 1913, *Totem e tabu* promove um avanço decisivo nessa direção. Freud volta a esse campo de investigação em 1921, com *Psicologia das massas e análise do Eu*, logo depois de *Além do princípio de prazer*. Dez anos separam este último texto de *O mal-estar na civilização*. Dessa vez, porém, não foi um movimento pendular que o conduziu a esse polo do pensamento. Vimos que, entre 1920 e 1930, sua reflexão o levou a explicar as consequências clínicas referentes à última teoria das pulsões e à segunda tópica do aparelho psíquico e, depois, a tratar do complexo de Édipo, do masoquismo e da desmentida. Ele retorna à cultura em *O futuro de uma ilusão* (1929), sem fazer alusão à pulsão de morte. Em 1930, contudo, a convicção de Freud quanto à verdade de suas teorias se fortalece e, longe de retroceder, ele adentra o campo da cultura. E assim temos *O mal-estar na civilização*.

Não nos enganemos. Ao escrever *O mal-estar na civilização*, Freud não tinha em mente outra coisa senão realizar uma interessante digressão. Não previa que os pensadores de Maio de 1968 considerariam que esse texto era tudo o que restara de válido em sua obra. Alguns anos mais tarde, seu pensamento foi submetido a uma reavaliação mais equilibrada. Mas, atualmente, no que diz respeito à pulsão de morte, *O mal-estar na civilização* é imprescindível. Imprescindível? Pode ser. Mas será verdadeiro?

O que diz Freud em *O mal-estar na civilização*? Primeiramente, ele amplia a discussão acerca da religião, na continuidade de *O futuro de uma ilusão*. Não é de surpreender que esse trabalho se inicie com uma crítica ao Eu. Mais uma vez, o Freud darwinista mostra-se ostensivamente. Em psicanálise, porém, ele advoga pela conservação do passado que deixa no Eu o seu rastro como testemunha da sua sobrevivência. Ao longo do caminho, interroga-se sobre a finalidade da existência humana. Frustra a ilusão que essa questão mascara e responde sem rodeios: a aspiração à felicidade e a manutenção deste estado. O ser humano, contudo, não consegue escapar ao sofrimento. Freud repassa os meios adotados para esse fim, o que o traz de volta à satisfação das pulsões. "O sentimento de felicidade derivado da satisfação de uma pulsão selvagem, não domada pelo Eu, é incomparavelmente mais intenso que o derivado da satisfação de uma pulsão que já foi domada" (Freud, 1930, p. 44).

Dito em outros termos, o ser humano experimentava uma alegria muito maior com a morte dos gladiadores nos jogos circenses do que aquela com que presencia hoje a vitória do time de futebol pelo qual torce. Aqui, a sublimação já fez o seu trabalho, e prossegue com ele em outro campo. Resta ainda a vida de eremita. E, por último, o amor: amar e ser amado. Aleatório e arriscado. A religião? Ela submete à infantilização psíquica. O domínio da natureza pela ciência não basta, em que pesem as inegáveis gratificações que proporciona, para assegurar nossa felicidade, e a infelicidade ainda está demasiadamente presente entre os homens.

O que é a civilização? A palavra designa a totalidade das obras e das organizações cuja instituição nos afasta do estado animal e de nossos ancestrais, e que servem a dois fins: à proteção do homem frente às forças da natureza e à regulamentação das relações dos homens entre si. São incontáveis as conquistas obtidas para controlar a natureza. Em contrapartida, são mais limitados os progressos para solucionar os problemas que surgem nas relações entre os homens. É possível dizer que a cultura, tal qual a agricultura, é a domesticação das forças da natureza a serviço dos fins do homem. Não obstante, fogem ao nosso controle, regularmente, as catástrofes naturais às quais estamos submetidos: terremotos, ciclones, tsunamis, enchentes, erupções vulcânicas, epidemias, entre outras. Na verdade, a natureza é apenas parcialmente domesticável.

Quanto às ideologias, nem todas são portadoras de paz. Também semeiam a morte e ameaçam os povos mais civilizados. Para limitar os seus danos, adotamos as leis, ainda que possam desaparecer da noite para o dia em proveito dos preconceitos mais obscurantistas. Pensemos no nacional-socialismo e no comunismo. Toda civilização impõe aos seus sujeitos limites à satisfação de suas pulsões individuais. Freud acredita, contudo, na existência de um "processo civilizatório" que se desenrola para além de toda a humanidade. A sexualidade parece, hoje, mais livre que à época de Freud, mas não se contenta com o que logrou nas últimas décadas. Reivindica cada vez mais liberdade, combatendo, inclusive, a ideia de "natureza humana", um artefato do pensamento, como se diz, destinado a limitar nossas possibilidades de gozo. A sublimação ganhou terreno, decerto, mas seus servidores constituem uma minoria de pouco peso no conjunto. A renúncia cultural exige grandes sacrifícios à liberdade de expressão pulsional.

Freud evoca uma evolução ideal na qual Eros e Anankê teriam se tornado os pais da civilização humana. Mas Anankê teria estatura para frear Eros? A vida amorosa é uma preocupação dos povos civilizados. Não obstante, o que hoje os atrai é a pornografia, que aspiraria a suplantar a monogamia e a vida familiar. Assim, Freud se vê na obrigação de levantar a questão das tendências contrárias à vida erótica defendida pela civilização. Tabus e restrições limitam a expansão desenfreada da vida sexual,[1] sobretudo infantil. Uma maior tolerância de nossa época está longe de favorecer sua livre expressão – sem que se levem aqui em conta as desigualdades "constitutivas". O amor heterossexual e monogâmico, na maioria dos casos, é legitimado e considerado a norma, a despeito de muitas derrogações desta que passam despercebidas ou que são sancionadas quando reconhecidas. A homossexualidade já não é um delito, mas, longe de se contentarem com este resultado, os homossexuais reivindicam a *igualdade* absoluta. Se a natureza não lhes dá o poder de procriar, existe a adoção para corrigir essa limitação, até que a ciência biológica permita superá-la.

Seja como for, a vida sexual do chamado "homem civilizado" sempre será freada por interditos já vigentes em sociedades sem escrita, de maneira bastante estrita. De qualquer forma, a diferença dos sexos submete a nossa vida pulsional a uma limitação de fato. A tolerância à frustração varia entre os seres humanos. A moral cristã gostaria que amassássemos ao próximo como a nós mesmos. Mas seria possível fazê-lo, por mais que quiséssemos? A tendência a explorar o outro para nossa comodidade ou nosso prazer é um dado constante de observação. De resto, a preferência é inevitável.

---

1 Ver os trabalhos de Maurice Godelier, principalmente Godelier (2004).

Além disso, a maldade de cada um para com o próximo é também um fato pouco contestável. Seria possível superar a reciprocidade que é sua consequência?

Tudo isso, como vemos, leva Freud ao ponto ao qual ele deseja nos conduzir: ao reconhecimento dos malefícios da pulsão de morte. "Os seres humanos não são criaturas gentis que desejam ser amadas e que, no máximo, podem defender-se quando atacadas; pelo contrário, são criaturas entre cujos dotes pulsionais deve-se levar em conta uma poderosa quota de agressividade" (1930, p. 61). Não basta alegarmos que "os outros" são assim. É necessário reconhecermos em nós mesmos o que parece tão fácil denunciar nos outros. A racionalidade não é suficiente para nos levar a renunciar a essa agressividade presente desde que a humanidade existe. As grandes obras poéticas dos primórdios são epopeias bélicas nas quais há um adversário a ser vencido e dominado, por ter frustrado nossas satisfações pulsionais: *Mahabharata*, *Ilíada*, *A Canção dos Nibelungos*.

Detenhamo-nos num só exemplo de nossa civilização: a *Ilíada*. O canto XI (Homero, 1955, v. 67-385) descreve a terceira jornada de combate em que os aqueus em ação sabem que estão em desvantagem, uma vez que Zeus outorga sua preferência aos troianos. Mesmo sabendo disso, os aqueus redobram seu ardor, apesar da ausência de Aquiles ao lado deles. Na passagem em que descreve as façanhas de Agamenon, "pastor dos povos", Homero nos oferece um inflamado relato da sanha guerreira do "rei dos reis" em batalha. Esse grande massacrador de homens vê cair sob seus golpes muitos troianos, sua força faz dele uma fera cuja energia multiplicada, liberada pelo combate, sugere, em sua atividade assassina, a comparação com mais de um animal de vigor indomável, animado por um furor insensível à humanidade do adversário. Agamenon é comparado ao leão que mata sem trégua, desmembrando e degolando seus inimigos, ou então a um lobo impiedoso. O átrida persegue suas presas, com "suas terríveis mãos manchadas de sangue e de poeira". E não há somente homens contra ele. O próprio Zeus interpõe-se em seu caminho, dotado de uma energia pouco comum – a que convém ao pai dos imortais. Com frequência, a ira dos combatentes, causada pela morte de seus familiares ou aliados, decuplica sua sede de vingança. Pensa-se, então, num ódio provocado, aguçado pelo sofrimento. Não é o que acontece com Agamenon. Quem pode duvidar, num caso assim, da ativação de uma pulsão de morte exteriorizada, da qual Aquiles, na sequência, dará um exemplo insuperável?

Ideologias pretensamente opostas têm demonstrado que seus malefícios são piores que aqueles que elas condenavam no papel. A abolição da propriedade privada deu origem ao *gulag*, e a nova ordem, aos campos de extermínio. O país no qual se ergue a estátua da Liberdade tem prisioneiros acorrentados, e o país da Revolução Francesa praticou a tortura na Argélia. A propriedade privada começa pela apropriação dos objetos de amor. Por isso, não consegue estabelecer limites. Não devemos esquecer que a civilização condena a violência, sendo a guerra o monopólio do Estado.

Freud chega, enfim, à sua teoria das pulsões, a última. Até então vinha se dedicando ao que poderíamos chamar de uma "clínica sociológica", segunda – ou primeira? – vertente de sua teoria das pulsões, que se aplica tanto ao indivíduo da clínica psicanalítica quanto ao homem como membro do *socius*. Cá estamos nós: *Além do princípio de prazer* ocupou-se dos fundamentos biológicos; *O Eu e o Id*, do homem em suas relações com seus genitores; *O mal-estar na civilização*, do homem em sociedade. Demos uma volta completa.

Freud teve a ousadia de realizar o que poucos antes dele ousaram fazer: valeu-se da observação de fatos antropológicos e sociológicos como se fizesse uma descrição clínica; não se aferrou a conceitos que delimitavam o normal e o patológico, o individual e o coletivo. Uma única realidade: a realidade psíquica observável nos seres humanos. Não resta dúvida de que os representantes dessas disciplinas antropológicas e sociais se sentiram invadidos, colonizados. O objetivo da empreitada freudiana não era conquistar ou anexar, mas fazer prevalecer um aspecto até então desconhecido dessa realidade psíquica humana, sem pretensão moralizadora. Aqui, quase não há fronteiras que valham: o fio condutor do pensamento é evidenciar uma exclusão.

A descoberta do narcisismo é considerada "decisiva" (Freud, 1930, p. 304), em conformidade com a teoria apresentada em *Além do princípio de prazer* que introduziu a pulsão de morte. Ideia que Freud (p. 306) volta a defender, mas, dessa vez, sem reservas, apesar das resistências (o termo é dele) de seu entorno: "Que outros tenham demonstrado, e ainda demonstrem, a mesma atitude de rejeição, surpreende-me menos, pois 'as criancinhas não gostam' quando se fala na inata inclinação humana para a agressividade, a destrutividade e também para a crueldade"[2] (Freud, 1930). O Demônio seria a melhor saída como desculpa para Deus, diz Freud. Eros liga, as pulsões de destruição desligam. Como tornar inofensivo o desejo de agressão? O sentimento de culpa inconsciente está a serviço dessa finalidade.

Em *O mal-estar na civilização* (Capítulo VII), Freud discorre sobre as consequências da renúncia pulsional – tema ao qual atribui muita importância em *Moisés e o monoteísmo*. Ora, a renúncia às satisfações pulsionais está na base da consciência moral (pelo fato de que o Supereu assume essa renúncia). A consciência moral, por sua vez, pede sempre mais. Nada pode ser compreendido do pensamento de Freud acerca disso se omitirmos a ideia de que

---

[2] A alusão às "criancinhas" é extraída de um poema de Goethe.

a libido erótica agora está ligada à libido agressiva e destrutiva, e é acompanhada por ela. Freud sustenta que deve se desenvolver na criança uma quantidade considerável de agressividade contra a autoridade que lhe impede de obter suas primeiras, mas, não obstante, mais importantes satisfações, seja qual for o tipo de privação pulsional que lhe for demandada; a criança é forçada a renunciar à satisfação de sua agressividade vingativa. Pela via da identificação, ela toma para si a autoridade inatacável (p. 310). Permito-me citar a mim mesmo um pouco longamente:

> *Observamos aqui a diferença em relação ao artigo sobre* Metapsicologia *que se ocupa dos destinos da pulsão sexual. Quando a pulsão de morte vem sustentar o conceito subjacente à manifestação da pulsão agressiva ou destrutiva, ela exige algo a mais: a renúncia à satisfação pulsional (para conservar o amor da autoridade submetendo-se a suas proibições). Não se trata de recalque – que a permitiria existir sob a forma do recalcado inconsciente –, mas de renúncia (abandono, aceitação do sacrifício) da agressividade vingativa (que ameaça potencialmente "a vida" do objeto, e a perda de seu amor e de sua proteção). Aqui intervêm não as formas inventivas de outras ligações que dissimulam a demanda pulsional primitiva, mas sim um* desligamento, *uma desistência a serviço do Supereu. Este irá então abrir caminho para um masoquismo primordial. É o* trabalho do negativo *da pulsão de morte. Ela será submetida a uma forma de religamento parcial com o Supereu, instância que liga a agressividade a serviço do sentimento de culpa. Contudo, Freud não deixa de insistir nisto: a ligação não é completa; nem sempre é capaz de ligar completamente. Resta uma parte de*

agressividade flutuante da qual o masoquismo pode apoderar-se contra os interesses do Eu. (Green, 2006a)

A apropriação da instância do Supereu consiste na assimilação de um interdito isolado por um sistema coordenado e inquestionável, um feixe de interditos que reforça sua razão de ser e sua coerência mediante o investimento secundário do todo, anônimo, uma vez que não está ligado a uma pessoa. É difícil manter e respeitar tanto rigor. Por isso, a psique não para por aí. Conta, ainda, com o recurso à clivagem, ao qual apela nessa circunstância. O sujeito serve a dois senhores ao mesmo tempo, por mais que um e outro sejam contraditórios. "Minha fé me proíbe de satisfazer tal ou qual pulsão, porém, meu desejo pede a Deus que me perdoe por minhas fraquezas." Muitas obras literárias descrevem com maestria essa situação clivada. Em suma, sempre e em toda parte nos deparamos com o par: tentação de transgredir o interdito-pedido de perdão por tê-lo feito. E, se quisermos mudar de registro, sistemas políticos rígidos e coercitivos utilizam a mesma receita: acusação, confissão pública, punição, arrependimento.

Vejamos a diferença. O recalque difere, dissimula camufla, rechaça, afasta-se do consciente; a renúncia abandona, desiste para salvaguardar o objeto. A pulsão é sacrificada, é preciso desprender-se dela. A recompensa pela renúncia é a obtenção do amor dos pais. Porém, o preço a pagar é um imenso sacrifício, que não faz senão reforçar o protesto agressivo contra a privação da satisfação pulsional.

A origem desse conceito é tardia. Freud se vale dele em 1930 e volta a fazê-lo em sua obra testamental, *Moisés e o monoteísmo* (1939/1986, pp. 215-223). A consciência de culpa associável ao Supereu, que Freud prefere chamar de "necessidade de autopunição", mostra sua relação com o masoquismo e com a reação terapêutica negativa. A noção de fazer mal não se pauta pelos efeitos da satisfação pulsional, mas pela opinião de um terceiro em posição de outro – a imago parental, cujo amor e proteção o sujeito espera, e que o força a renunciar à satisfação almejada (ainda que às vezes obtida às escondidas).

A interiorização da autoridade, graças à instauração do Supereu, explica essa necessidade de autopunição. Vale lembrar que o Supereu da criança se forma à imagem do Supereu dos pais. Em outras palavras, os pais podem ser julgados por suas falhas, mas a referência àquilo a que dizem obedecer, de qualquer forma, é inevitável. Ademais, a adversidade é interpretada como castigo de um Supereu de origem divina. Assim sempre foram explicados os infortúnios do povo judeu pelos profetas, que acusavam seus membros de más práticas e/ou de interpretação errônea da Torá. O destino, diz Freud (1930, p. 317), é considerado como substituto da instância parental. Logo, a angústia ante a autoridade e a angústia ante o Supereu se sucedem. O Supereu vê tudo, nada lhe pode ser ocultado. Daí um sentimento de culpa, independente das circunstâncias.

Ao fim e ao cabo, a necessidade de receber amor e merecê-lo governa tudo. De fato, a causa da renúncia é a consciência. Ela é introjetada.

> *Aqui, como tão frequentemente acontece, a situação é invertida: "Se eu fosse o pai e você fosse a criança, eu o trataria muito mal". A relação entre o Supereu e o Eu constitui um retorno, deformado por um desejo, das relações reais existentes entre o Eu, ainda individido, e um objeto externo. Isso também é típico. A diferença essencial, porém, é que a severidade original do Supereu não representa – ou não representa tanto – a*

severidade que dele [do objeto] se experimentou ou que se lhe atribui. Representa, antes, nossa própria agressividade para com ele. (Freud, 1930, p. 70)

Como se vê, a introdução do Supereu na segunda tópica cria um tipo de causalidade que, paralelamente ao componente pulsional, apresenta um dado antropológico: a relação do Supereu com o Eu que faz intervir o Outro. Em contrapartida, o Supereu finca suas raízes no Id. Freud chegou a defender a hipótese de um "assassinato do pai primitivo", que será a conclusão de sua obra.

O obstáculo à satisfação pulsional e o desejo de transgressão agravam o sentimento de culpa inconsciente quando se trata apenas das pulsões agressivas. Conclusão: "Quando uma tendência pulsional sucumbe ao recalque, seus elementos libidinais são transformados em sintomas e seus componentes agressivos, em sentimento de culpa." (Freud, 1930, p. 75).

Daí em diante, Freud ficou obcecado pela filogênese, e suas conclusões tomaram esse rumo. Daí surge a obra de encerramento de todo o seu pensamento: *Moisés e o monoteísmo*. Processo civilizatório e desenvolvimento individual caminham juntos e convergem para a ideia do assassinato do Pai. Para Freud, reconhecê-lo significa obter a satisfação narcísica de ser melhor que aqueles que persistem na recusa de tomar consciência disso.

O Parricídio originário

Estranho epílogo. Durante os anos em que Freud elaborou *Moisés e o monoteísmo* – de 1937 a 1939 –, o tema do assassinato do pai, presente em seu pensamento já em 1913 (*Totem e tabu*), e mesmo antes, foi enriquecido de muitas reflexões. Evidentemente, o encerramento de sua obra com esse texto não foi por acaso. O assassinato do pai é, sem dúvida, um dos principais temas do pensamento freudiano; não poderíamos, portanto, nos surpreender com essa escolha. Não, nem mesmo no caso de uma obra que poderia ser relacionada com um "romance histórico", em que ficção e verdade parecem se encontrar na mente de Freud.

Em torno desse tema, Freud costura e insere esse núcleo num contexto teórico que é o único capaz de explicar sua importância. O leitor que lê consecutivamente *O mal-estar na civilização* e *Moisés e o monoteísmo* percebe uma perfeita continuidade no discurso teórico. Com uma exceção: a ausência de qualquer menção à pulsão de morte em *Moisés e o monoteísmo*.[3] *O mal-estar na civilização*, contudo, aprofundou-se muito no papel da agressividade desencadeada pela autoridade externa que recusa ao sujeito muitas satisfações pulsionais primárias. Mais do que isso, Freud havia descrito as diferentes etapas que marcariam a trajetória da angústia ante a autoridade externa, o que, com o tempo, evoluiria para uma transformação em submissão ante o Supereu. Durante toda essa evolução, ele lembra constantemente que a fonte da angústia reside na autoridade inicialmente não interiorizada e depois assimilada ao Supereu.

Como é possível que Freud, ao retomar o fio de sua reflexão sete anos depois, tenha mantido a grande importância do papel do Supereu religioso, sem dizer uma única palavra sobre a intervenção das pulsões de destruição? Cá estamos nós de volta a um Édipo em que vigoram as manifestações de rivalidade e de oposição entre filho e pais, mas em que não é explicitamente mencionada a fonte dinâmica – a saber, a ação das pulsões de destruição. Todavia, os dados descobertos pouco antes, como a renúncia pulsional,

---

3 Em outras ocasiões, principalmente em *O mal-estar na civilização*, Freud se refere ao assassinato dos filhos coligados em termos de sadismo.

constituem objeto de uma teorização mais aprofundada. O "progresso na vida mental" é relacionado à diferença entre o que testemunham os sentidos, associados à mãe, e o que é testemunhado devido ao progresso da espiritualidade – deduções, inferências, implicações –, associado ao pai. Não há dúvida de que há aqui algum enigma que não se deixa facilmente decifrar. Vamos abordar esse mistério e buscar compreender a ideia subjacente à teoria.

Para Freud, é preciso definir um conflito basilar, aquele que se passa entre a criança (na maioria das vezes, Freud se refere somente ao menino) e a autoridade proibidora: o pai castrador. O que equivale a dizer que, no seu entendimento, o conflito entre a criança, dominada pelas pulsões que nada buscam além de se satisfazerem, e o obstáculo à gratificação pulsional constituiria um complexo fundamental. Dele derivam a ameaça de castração e a formação do Supereu, gerador de culpa inconsciente e da necessidade de punição. Persiste intocável a questão da fonte do conflito. Seria ele causado pelas forças agressivas que fazem parte das pulsões de destruição, ou bastaria explicar a intensidade do conflito por sua referência filogenética ou pela inevitabilidade de seu surgimento?

Freud praticamente não faz essa indagação, muito menos propõe uma resposta, porque sua profunda e inquebrantável convicção quanto à cota filogenética dessa tese é afirmada não uma, mas duas vezes. Isso explica a resposta religiosa. Depois da escravidão no Egito, já não é mais o faraó que é temido, mas o deus dos vulcões, Javé. Vale lembrar que o monoteísmo, que justifica a onipotência de Deus, tem sua origem na efêmera religião de Aquenáton, que reinou apenas por um período limitado, pois, com sua morte, os sacerdotes recuperaram o poder e restabeleceram a antiga religião que lhes dava sua força. Após a morte do faraó, erradicou-se, suprimiu-se e radicalmente se censurou tudo o que poderia evocá--lo, destruindo os monumentos alusivos a ele.

Em suma, reproduz-se sempre o mesmo conflito entre uma nova forma de potência ética que destrona a anterior, seguindo-se a derrubada de seu poder a fim de reestabelecer os antigos símbolos da soberania anterior. Em outras palavras, um novo poder quer derrubar um poder mais antigo em seu próprio benefício, este último busca a vingança perseguindo os jovens adeptos, e o antigo poder retorna.

Para Freud, esse nó conflituoso se torna – pelo menos no texto em questão – mais importante que a natureza pulsional das forças que ambicionam tomar o poder. É o que se deduz da estranha omissão da pulsão de morte em *Moisés e o monoteísmo*. O Novo Testamento veio dar continuidade ao Antigo, decerto, mas também assegurar sua hegemonia sobre ele. Jesus destronou Moisés, e, durante muito tempo, os cristãos perseguiram os judeus. Mais adiante ainda, o islã, o mais recente dos três monoteísmos, reivindica a sua superioridade *a posteriori*. Cá estamos nós. Todavia, o parricídio ancestral talvez tenha conseguido apagar todo e qualquer vestígio de sua presença.

A morte é desmentida, uma vez que, aqui, nenhuma pulsão a expressa, mas sua violência permanece temível, destrutiva, irracional, fanática. A esperança num compromisso que torne compatíveis os três monoteísmos e lhes permita coexistir pacificamente parece uma ilusão.

A conclusão de *Moisés e o monoteísmo*, que constitui, também, as últimas palavras da obra de Freud, tem um alcance considerável. Contra todo e qualquer geneticismo ingênuo que tenda a atribuir maior importância ao mais antigo, Freud adota um ponto de vista estrutural: *Prima* perde posição para *Suma*. E *Suma* nada mais é do que a figura do Pai. Formidável desafio para a psicanálise de nossos dias, que parece repetir o Areópago que devia julgar Orestes. Freud é, não obstante, o pai, o que ele proclama alto e bom som.

De nada serve, portanto, como ocorre atualmente, apoiar-se em observações de crianças que, em uníssono, querem fazer valer o primado da mãe. Freud bem sabe que ela existe, mas parece querer nos dizer: o pai é outra coisa, é o "progresso da vida mental", o que anima a vida da cultura e a referência de que os homens necessitam para, no momento oportuno, levantarem-se contra ele, rebelarem--se, assassiná-lo e se arrependem. Nada semelhante ocorre do lado da mãe. Isso não significa ignorar o matricídio, muito menos o incesto. Contudo, ainda que se realize, o incesto raramente implica façanhas culturais, e o assassinato da mãe não sofre outro castigo senão a loucura.

Assim, resta escolher, antes a angústia de castração e o medo do pai que o despedaçamento e a sedução pela mãe. Além disso, há também a veneração do pai, o respeito que lhe é devido e as homenagens que se lhe rendem. O pai é o pai morto. A mãe morta é outra coisa: uma depressão infinita, sempre recorrente, em direção oposta à vida.

Recentes discussões acerca do processo cultural

As ideias expressas por Freud em *O mal-estar na civilização* foram tema de recentes discussões. No colóquio da Unesco, organizado pela Sociedade Psicanalítica de Paris, um debate opôs Nathalie Zaltzman e Jean-Luc Donnet, moderado por Jean-Louis Baldacci (Donnet & Zaltzman, 2003). Enquanto Zaltzman ressaltava o paralelismo entre progresso civilizatório e progresso do tratamento analítico, Donnet se mantinha na linha do pessimismo freudiano.

A concepção pré-freudiana do homem vê tradicionalmente nele o efeito de uma diferença em termos de natureza em relação ao animal, devido à presença de uma transcendência espiritual.

Seja esta uma aquisição da evolução das espécies que se manifesta no interior essencial do homem ou o resultado de uma rigorosa domesticação das pulsões, o resultado é o mesmo: o homem é dotado de uma força espiritual. As teses de Freud rejeitam essa concepção. Primeiramente, porque o homem está inserido na continuidade da linhagem animal. E, quando comparado ao animal, o homem se mostra ainda mais provido de forças pulsionais, dado que a diferença entre o instinto e as pulsões enriquece as últimas de todos os meios da astúcia e da inteligência postas a serviço de suas metas.

Outra constatação é o fato de que a cultura, longe de conseguir "humanizar" o homem, fracassa frequentemente em fazê-lo. A civilização não venceu a resistência da barbárie. Esta última pode ver suas forças se revitalizarem e atingirem níveis inesperados em períodos nos quais isso parece inconcebível. Pensemos no Holocausto. É isso que chamamos de pessimismo freudiano, o que Freud respondeu dizendo que só se tratava de pessimismo em comparação com o otimismo exagerado de seus adversários. Em suma, ele seguiu, até o fim, a empreitada da desilusão, que, para ele, é o objetivo da psicanálise.

Jean-Luc Donnet (1995, 1998), que examinou a questão do Superego e das relações do processo cultural com a sublimação, as considera na perspectiva do trabalho da cultura. Se, para o indivíduo, a meta principal continua sendo o alcance e a conservação das vantagens concedidas às pulsões, para o processo cultural, a instauração de uma unidade superior dos indivíduos é a prioridade. Evidente conclusão: a manutenção da coesão dentro do grupo, por meio de, entre outros, identificações mútuas que unem os seres.

Essa disparidade entre Supereu individual e Supereu cultural advém, portanto, das diferentes metas que os movem. No entanto, um remete ao outro; o primeiro é o reflexo do longo percurso da espécie, o segundo, que depende da transmissão geracional, assegura a continuidade entre as gerações. O Supereu da criança é construído a partir daquele de seus respectivos pais. As imagens valorizadas por cada cultura fazem com que haja uma comunicação entre as dimensões coletiva e individual. Assim ocorre a transmissão intergeracional.

Essa perspectiva cultural nos distancia cada vez mais do nosso estado original: animais. Ela impõe, assim, uma dose cada vez maior de frustração ao homem – tema que abordamos amplamente. Como compensar essas perdas de satisfação? Parece que a renúncia nunca encontra uma compensação à altura dos sacrifícios aos quais deve consentir. Nós não pretendemos nos estender acerca daqueles solicitados à satisfação das pulsões sexuais. Pressão permanente no homem, a pulsão demanda uma vigilância constante. No seio de Eros, as categorias pulsionais constitutivas substituem umas às outras. A sublimação, destino das pulsões, prolonga a via dos deslocamentos de metas, associada ao investimento privilegiado das atividades psíquicas superiores (ética, religião etc.). Faz-se necessário, de fato, ressaltar que o homem não é apenas dependente de sua animalidade originária, mas que ela adquire nele um tom de loucura – remeto à nossa discussão "Entre loucura e psicose" (em Green, 1990).

A sexualização de todos os processos psíquicos encontra, assim, uma oportunidade de vingança. Como já vimos, a descoberta das pulsões destrutivas serviu apenas para estender o campo da renúncia, fonte principal da culpabilização inconsciente. Os conjuntos defensivos recusa-clivagem-projeção e o par idealização-perseguição (Melanie Klein) ajudam na transformação das formas pulsionais originárias. Em última instância, essas consumações servem para avaliar o critério de ilusão: "O Supereu, por ser uma instância tão irredutível ao Eu quanto o Id, constitui uma reserva de ilusões" (Donnet, em Donnet & Zaltzman, 2003, p. 228).

O trabalho analítico se assemelha ao trabalho da cultura. Há, ainda, o sobreinvestimento das funções psíquicas superiores (a referência à "verdade"). As reflexões sobre a importância da cura entre os valores analíticos prosseguem. Esta é, para Donnet, "suplementar".

Essa articulação entre individual e coletivo é problemática. O Supereu cultural e seus ideais combinam seus efeitos respeitando seus espaços mútuos. Nathalie Zaltzman, em conversa com Jean-Luc Donnet, vê nos dois trabalhos, o do tratamento psicanalítico e o da cultura, um aumento de consumo psíquico, dado que a predominância do prazer não pode ser substituída. Portanto, o esforço a ser feito para investir o desprazer do sacrifício é necessariamente maior. Eros e Anankê são chamados a contribuir. Zaltzman ressalta que a importância do caráter direto das satisfações é menor que aquela de uma outra prioridade: "Ela [a evolução humana] não investe em suas experiências de prazer ou sofrimento a não ser por meio do que representam na economia do desejo de outrem" (p. 212).

Foi-me dada aqui a oportunidade de relembrar minhas concepções sobre a "causalidade psíquica", não abrangidas exclusivamente nem pelas ciências da natureza, nem tampouco pelas ciências humanas antropológicas. Tive, também, a oportunidade de recordar, a propósito, a referência ao "Grande Outro" de Lacan, instância Fora de Si. Aqui, faz-se necessário referir-se ao Supereu cultural (Diatkine, 2000). O Fora de Si relembra oportunamente as concepções de Freud sobre o processo civilizatório, "acima da humanidade". Esse processo deve estar apoiado nos valores do investimento, do reconhecimento, sustentados pelas defesas, pelo recalque, pela forclusão, pela recusa, pela destruição ou autodestruição. E é o próprio Freud que relaciona processo cultural da humanidade a processo de desenvolvimento ou de educação do homem individual. Efeito de Eros, portanto. Zaltzman não consente em adotar as visões do pessimismo freudiano, apesar da oposição Eros-Tânatos. Parece-me que, alegando o suplemento de investimento, ela resgata as ideias freudianas finais, que reconhecem a ligação entre o trabalho de agrupamento das pulsões de vida, à procura de sínteses cada vez mais vastas, e o incontornável aumento das tensões que ela implica.

Por último, se Jean-Luc Donnet está certo em frisar, com Walter Benjamin, "o fracasso imemoriável da cultura na esfera das relações entre os homens", Nathalie Zaltzman, citando-me, ressalta o fato de que nunca houve maior verdade entre os homens do que atualmente. Contudo, é fato que a verdade nem sempre vence a mentira e a ação destruidora que esta busca promover.

Resumindo, temos, de um lado, a fidelidade ao pessimismo freudiano, e, de outro, a abertura a uma esperança muito rapidamente rejeitada.

O que pensamos disso?

A pulsão de morte e a linguagem: Laurence Kahn

Nas sínteses das discussões anteriores, foi possível ouvir a voz daqueles que não creem, daqueles que creem com e como Freud e, por último, daqueles que, ao mesmo tempo que levam em conta a dialética pulsional, sentem a necessidade, inspirada por Lacan, de associá-la a um Fora de Si, *Personae* (no sentido de Homero) ou Grande Outro, cujas relações com a Palavra e o Nome do Pai são explicitamente mencionadas ou intuídas de modo implícito.

É chegado o momento de nos ocuparmos de uma abordagem fundamental que devemos a Laurence Khan. *Faire parler le destin*, sua obra mais recente, o exige. Hábil na análise tanto de textos como de conceitos, Khan (2005) pretende influenciar o debate, e consegue. Até aqui, temos apresentado as posições daqueles que compartilham o pessimismo de Freud. Não será Khan a ser acusada de advogar pela causa da ilusão. Antes considerada uma empreitada para romper as cadeias do recalque, eis que a psicanálise muda de posição e quer que abandonemos toda esperança, devido à potência das forças de destruição. A análise de nada serviria ante essa potência de morte? Os psicanalistas acreditaram que Freud queria arrastá-los nesta direção e opuseram-se, resistindo à tentação da desesperança.

Infelizmente, com a ascensão do nazismo, o espírito da época em que Freud chegou ao fim da vida não era muito propício a criar ilusões. Isso é o que demonstra a parte final de *Moisés e o monoteísmo*, na qual Freud descobre a aliança contranatural do progresso com a barbárie. Certamente, *O mal-estar na civilização* não é um texto isolado. Valèry advertiu-nos de que as civilizações são mortais, mas não chegou a proclamar que podiam se suicidar. Outros pensadores nos alertaram sobre a crise da civilização europeia (Hurssel, Spengler), mas nenhum identificou uma pulsão de morte. De todo modo, a fé suscitada pelo Iluminismo do século XVIII era excessiva. Era difícil prever que os regimes políticos do pós-guerra de 1914-8 nos fariam presenciar esse tombo da razão humanista.

Todavia, como dissemos, Freud não se lançou de cabeça em 1920, e foi necessário esperar até 1930 para vê-lo expressar certezas – o que seguiu fazendo até sua morte. Se quisermos rastrear as origens da guinada de 1920, é preciso ressaltar, sem dúvida, a contestação do conceito de Inconsciente e sua substituição, pouco depois, pelo Id. O que significa dizer que a constatação da carência de um sistema fundamentado em *representações inconscientes* e sua substituição pelo Id impõe a adoção de uma concepção mais econômica e energética, em cuja base destaca-se o papel das *moções pulsionais* (Green, 2006b). Mais um recuo no que diz respeito à frágil razão, aqui ainda mais superada. Porém, Freud não deixa de colocar seus dotes a serviço da razão, contanto que ela aceite renunciar a suas ilusões. Como afirma Kahn: "Fazer o *destino* falar é a linha de resistência do pensamento quando este opõe a busca das causas à crença e à violência, quando embarca na descrição de todas as formas de desamparo humano e do modo como estas são tratadas pelo indivíduo e pela comunidade" (Kahn, 2005, p. 16). O darwinismo de Freud – sempre presente, mas discreto – parece ocupar aqui um lugar privilegiado, sem nada ceder à herança "humana" recebida de nossos pais. Na junção de ambos, a experiência psicanalítica, afastada de toda mística romântica. Freud se mantém, segundo Kahn, próximo de Kant, como Bion o postula explicitamente, mas num sentido muito diferente. Como é possível confiar no pensamento, uma vez que este, analisado e já não analista, mostra suas determinações inconscientes que não são nada racionais?

"Aparelho da alma" é uma expressão provocativa. A alma constituída por um aparelho traz uma contradição nos termos. Tal era, exatamente, o projeto dos fisicalistas amigos de Freud no início de sua obra. Isso apareceria, em certa medida, em suas primeiras elaborações sobre a histeria. Mas não deixemos que a polêmica nos faça perder o rumo. A linguagem do *Projeto para uma psicologia científica* não contraria aquela das primeiras descobertas psíquicas de Freud. A histeria não está fora do *Projeto*, ela faz parte dele. Certamente, não se reduz ao que esse texto diz a seu respeito. Vai muito além, como mostra a continuidade da obra de Freud. A autonomia relativa do psiquismo é testemunha disso. A alma está "acima" do sistema nervoso; nem por isso deixa de estar ancorada *nele*. Não como uma localização cerebral, mas como este outro lado da fronteira no qual a pulsão está sediada, na encruzilhada do corpo e da mente. Neste ponto o filósofo para. A alma, um conceito limite, sediada numa encruzilhada? A alma é pulsional: sublimação do movimento em curso no psiquismo, concepção que segue na contramão das verdades aceitas.

Quantas vezes escutamos o coro dos filósofos deplorar o lamentável biologismo de Freud. Que pena, um homem tão inteligente! Do lado oposto, outro coro simétrico, o do clã dos partidários da biologia. Que pena, um homem tão inteligente não ter seguido com a inspiração do *Projeto*! Freud não dá razão a nenhum dos dois lados, pois nenhum quis abrir seu raciocínio ao que ele chama de *moções pulsionais*. Diferentemente de seus oponentes, Freud observou em si mesmo os efeitos dessas moções, ao mesmo tempo que os observava nos outros, seus pacientes em primeiro lugar. Não se deve deixar seduzir por hábitos de pensamento que embaralham a visão. Conheci alguns premiados com o Nobel que seguiam exclamando publicamente: "Tudo isso não passa de charlatanismo; afirmo e insisto que não tenho inconsciente!".[4] Freud lutou durante toda sua vida por uma administração convincente da prova. E o que dizer da sugestão pós-hipnótica? Vamos acreditar em alguém que abre seu guarda-chuva inesperadamente diante de nós, logo depois de uma sessão de hipnose na qual essa instrução lhe havia sido dada, e que, ao ser perguntado sobre as razões de seu ato, responde: "Era para ver se funcionava"?

Mas é fato que, ao longo do caminho, surgem, também, verdadeiras questões. Somos convidados a voltar ao "demoníaco", levando em conta seus efeitos, um por um. Em outras palavras, não há nada de romântico nesse projeto *analítico* que exige uma

---

[4] Ver a deleitável conversa com Jacques Monod, relatada por Gerald Edelman (1992).

ampliação dos limites tradicionais da razão e de suas formas de expressão, especialmente aquelas nas quais se detecta a marca do sexual. Em suma, reinstala-se o diabo ao lado do "bom" Deus.

Laurence Khan recusa-se a arrastar Freud para o lado do energético – cujo papel, no entanto, ele ressalta constantemente, sobretudo a partir de 1923 –, suspeitando sempre da tentativa de naturalizar o pensamento. A autora escreve: "A pulsão originária é o primeiro fundamento da representação, o que implica que a pulsão, essa pulsão da razão, não é engendrada por objetos, senão que engendra o seu próprio" (Khan, 2005, p. 52). Justifica-se assim a distinção que Kahn estabelece entre apresentação e representação, ou seja, o efeito de uma pulsão da razão. Essa observação é menos filosófica e mais "freudiana" do que parece, porque a apresentação é apresentação dos sentidos, ao passo que a representação é representação da pulsão. Daí a referência à estética e a remissão ao *Witz*, o chiste, o "dito espirituoso", "palavra nascida do espírito". Lembramos que, em *O chiste e sua relação com o inconsciente*, Freud distingue entre chistes tendenciosos (futura pulsão, em meu entendimento) e chistes verbais (as palavras da pulsão, também em meu entendimento). Poderíamos dizer, também, que a pulsão de morte é o chiste da morte. Kahn faz questão de assinalar o quanto a abordagem de Freud rompe com o romantismo. Não é de surpreender que seja assim, tendo em vista que Freud não perde a oportunidade de ressaltar sua adesão a um ponto de vista científico. É o único que desilude? Com a condição de que a ciência não ceda ao poder da ilusão que a desilusão gera em resposta.

"Como pode a linguagem dar acesso à linguagem do além da linguagem?" Temos somente razões como resposta? Como afirma Wittgenstein: "Sobre aquilo que não se pode falar, deve-se calar". É muito fácil adotar essa atitude, diante da qual Charcot já dizia: "Isso não impede que exista".

Vejamos um exemplo. Escutamos um discurso psicótico, e, em seguida, comparamos todos os diversos discursos não psicóticos que se lhe contrapõem para captar seu sentido. A menos que se decrete que o primeiro não tem qualquer sentido, os outros discursos são incapazes de fornecer uma tradução aceitável do que diz o psicótico. Nem o psiquiatra, nem o fenomenólogo, nem o cognitivo-comportamentalista nos darão uma ideia da língua falada por esse paciente, cuja gramática ignoramos. Vamos nos posicionar, então, do lado dos "organicistas"? Encurralados na necessidade de falar das estruturas cerebrais, entenderemos ainda menos em que consiste este discurso.

Que a pulsão seja destino, admitimos. Mas, nesse caso, qual é o destino para a pulsão de morte? Antes de mais nada, devemos ter consciência de que a recusa dessa pulsão – e por Freud em primeiro lugar – durou muito mais do que aquela do caráter sexual de Eros, a respeito da qual se acabou pensando que detinha por si só a chave da vida pulsional. A ilusão infiltrou-se na teoria. Isso não fez mais do que retardar a desilusão, mas não a impediu. A barbárie, ou seja, a guerra estava de volta e obrigou a pensar o impensável. *O mal-estar na civilização* nos forçou a fazê-lo. A tendência à desarticulação vence seus obstáculos. A respeito da violência, Freud corrige Einstein, pois é dela que se trata, e não de poder (*Macht*), como sugere o físico quando contrapõe *Recht* (o direito) e *Macht*. O Iluminismo não passou de mais uma utopia, mas o próprio Freud a subscreveu. Teria Laurence Khan acertado, ao apontar, em sua justa medida, a mutação interna que acompanhou, em 1923, a *contestação* do inconsciente por Freud e a opção pelas *moções* pulsionais em detrimento das *representações* inconscientes, da qual resulta o triunfo do conceito de força, sem o qual o pensamento de Freud fica mutilado?

Pulsão de morte, última expressão do ódio a si mesmo. Ao fim e ao cabo, ela é suicida. O que temos de admitir é o *par* construção-destruição, amor-ódio em antagonismo e agonismo, porque somos feitos desse par e tudo o que fazemos nada mais é que em função de sua intricação e desintricação.

Kahn sustenta a hipótese – que ela reconhece como tal – de que "a nova cultura dos casos limítrofes, a nova odisseia da coragem analítica, confunde-se com o heroísmo promovido por qualquer relato épico" (p. 250). Mas será que o psicanalista, arauto de Eros, tem escolha quando a destrutividade se instala? Para Kahn, isso seria um desconhecimento, a menos que se pense que o ocultamento subjacente à sua própria posição é o verdadeiro desconhecimento de uma psicanálise nostálgica. Kahn vem prestar socorro a uma linguagem em perigo. Mas será que não foram os psicanalistas que a colocaram em perigo ao querer ignorar o "outro da linguagem"? Ignorar o impacto dos casos limítrofes é transformar a loucura e a psicose em "doenças" da linguagem, algo que, temo, não são nem nunca foram. Casos limítrofes ou transtornos limítrofes da personalidade são configurações clínicas nascidas da patologia contemporânea – o que é preciso ser levado em conta pelo analista em sua prática, sem fingir ignorá-las. Não são invenções produzidas pela imaginação de certos analistas. Ah, como era bom o tempo da neurose, se comparada ao dos casos limítrofes! Em que se está pensando? Nos pacientes de *Estudos sobre a histeria*? No "Homem dos Lobos"?

Aqui, uma linha divisória. Talvez não seja indiferente o fato de alguém ter sido ou não psiquiatra. Ter convivido com o inegável horror da enfermidade mental e seus pretensos asilos. Um psiquiatra jamais o esquece, mas quem não o conheceu não pode lembrar. Quem não viu um doente mental encarcerado durante os doze meses do ano numa cela (assim se chamavam os dormitórios) sem móveis (porque, do contrário, estes seriam automaticamente feitos em pedaços), apenas com uma cama de armação metálica indestrutível, dando voltas como um leão enjaulado, caia a neve ou sopre o vento, uivando durante dias e dias, recebendo sua comida por uma portinhola, porque nenhum cuidador ousaria se aproximar ou lhe falar por medo de sofrer uma agressão antes mesmo de poder abrir a boca. Sei por experiência. Quem não sabe o que é a demência, no sentido de uma psicose destrutiva, deveria dobrar a língua para dentro da boca sete vezes antes de emitir qualquer juízo. Mas, afinal, o que tem isso a ver com meus pacientes em análise? Nada e tudo. Isso não impede de analisar os casos trágicos. Terrorismo psiquiátrico ou terrorismo cultural? Terrorismo da destrutividade em ato.

Anexo: Retorno à biologia

Apoptose, morte natural autoprogramada

É preciso dizer, de saída, que o acréscimo de um capítulo sobre biologia a este livro dedicado à pulsão de morte daria vazão a um erro de interpretação caso se desejasse ver ali a intenção do autor de escorar-se na ciência para sustentar uma hipótese que está longe de ser deduzida diretamente dela. Todavia, convém lembrar que os próprios detratores da pulsão de morte, durante muito tempo, não deixaram de escorar-se na ciência para defender a impossibilidade dessa pulsão. Não estamos afirmando agora que a ciência vem ao socorro daqueles que defendem tal hipótese. Em contrapartida, vislumbramos nas teses da biologia moderna algo novo que, pelo menos, não diz nada que a contradiga expressamente. Em 1999, Jean Claude Ameisen publicou um livro, *La Sculpture du vivant: le suicide cellulaire et la mort créatrice* [A escultura dos seres vivos: O suicídio celular e a morte criadora], que abriu novas perspectivas para o pensamento biológico. Lemos corretamente: o suicídio celular. Isso nos obriga a pensar a morte provocada pela própria célula, isto é, aquilo que pode ser considerado uma ordem para autodestruir-se.

Os trabalhos precursores datam de 1855 (a "cromatólise" de Walther Fleming). A estes se seguiram, em 1951, outros sobre a "morte celular", de Alfred Glucksmann. Esses trabalhos não foram apreciados em seu justo valor. Foi preciso esperar até o final da década de 1960 para que surgissem os conceitos de "morte programada" e de "suicídio celular". Chega um momento em que se descobre que a morte celular está programada até mesmo nas modalidades mais específicas de sua realização.

> *É pelo fato de ser um suicídio – um fenômeno ativo de autodestruição –, e não o resultado de um assassinato brutal ou de uma paralisia, que a morte celular pode ser acompanhada por um discurso, pela emissão precisa de sinais e mensagens, e não se desenrola nem num silêncio total, nem num rebuliço estrondoso. (Ameisen, 1999, p. 65)*

Insistindo na metáfora, Ameisen fala de ritos funerários complexos por ocasião da morte celular programada: "O mundo vivo elimina os mortos. O mundo vivo alimenta-se dos mortos" (p. 66). A apoptose é um processo de "autoeliminação ordenada" (p. 67).

Assim, os processos de autodestruição obedecem a sinais, tal qual o processo de criação. No que diz respeito a este último: os trofoblastos constituem uma ponte entre a mãe e o feto, antes de converterem-se em algo completamente distinto. Sucessivamente, a divisão que engendra a multiplicidade, a diferenciação da qual surgem a diversidade e a migração (o deslocamento das células pelo corpo) determinam as etapas. Em paralelo, produzem-se mortes "naturais". Descoberta desconcertante que supõe uma causalidade misteriosa. Por que essas mortes? Resposta: "A desconstrução do corpo, à medida que este se constrói, é um dos componentes essenciais da elaboração da complexidade" (p. 30). Em cada etapa do desenvolvimento, a morte *esculpe* a forma do embrião. Esse processo permite a criação de um espaço interno. O cérebro e o sistema imunológico são as estruturas mais complexas de nosso organismo. Compartilham uma propriedade que determina a perenidade de nossa identidade singular – e a construção de uma história.[1] E, se não temêssemos o risco de alguns de nossos leitores, diríamos: "Pois é, o narcisismo e a última teoria das pulsões".

É espantoso o volume de conexões entre a célula e seu entorno. Citamos Ameisen:

> *Um receptor [do sistema imunológico] totalmente incapaz de interagir com o ser não conseguirá transmitir durante três dias nenhum sinal ao linfócito que o contém. E a ausência de qualquer sinal, por si só, desencadeará a morte do linfócito que deu provas de sua incapacidade de interagir com as células sentinelas – a prova de sua provável inutilidade futura. (p. 47)*

Passamos agora ao cérebro: surpreendente paralelismo. Nas zonas e nos nervos em processo de construção, a metade dos neurônios que parte em busca de parceiros irá morrer no período de constituição das sinapses. Às vezes 85%, às vezes somente entre 10% e 20%. Todos os neurônios estão programados para morrer. O desafio é estabelecer um contato estreito com outro neurônio. A "relação" triunfa sobre o isolamento individual. São igualmente

---

[1] Portanto, não é surpreendente que as ideias mais interessantes sobre o funcionamento do cérebro tenham sido propostas por um imunologista (Edelman, 1992).

passíveis de sanção mortal aqueles neurônios que estabeleceram conexões aberrantes. Formas do corpo esculpidas, cérebros também esculpidos.

Ameisen diz:

> Os grandes mestres do xadrez constroem suas partidas com base em grandes esquemas, em posições dominantes sobre o tabuleiro: as aberturas, limitadas em número, são inventariadas com precisão em sua mente, assim como os finais de partida. Não obstante, o desenvolvimento da partida em si está aberto e se renova a cada movimento. (p. 54)

Ameisen, por acaso, sabe que Freud fez a mesma observação no que diz respeito ao tratamento analítico? Papel principal do jogo, ele procede criando condições para uma auto-organização evolutiva. "O destino de uma célula depende da qualidade das conexões provisórias que ela teceu com seu entorno" (p. 55). Em suma, poderíamos pensar que a tentativa de definir os processos que caracterizam a vida consiste em conceber uma criação contínua, sem destruição. A complexidade nos obriga a rever esse esquema e a compreender que ela inclui a construção e a destruição. Será que estamos tão longe de Freud e de sua última teoria das pulsões? Creio que não.

> Cada uma de nossas células possui, ao longo de sua existência, e a todo momento, o poder de se autodestruir em algumas horas. E a sobrevivência do conjunto das células que nos compõem – nossa própria sobrevivência – depende de sua capacidade de encontrar, no meio ambiente de nosso corpo, os sinais que lhes

permitam reprimir, dia após dia, o desencadeamento de seu suicídio. (p. 13)

Nós todos vivemos, portanto, em moratória: a vida não é mais que a neutralização das potências autodestrutivas. "[...] um acontecimento positivo – a vida – nasce da negação de um acontecimento negativo: a autodestruição" (p. 13).

Resumindo, trata-se de aceitar encarar a morte, numa perspectiva que renuncia a qualquer intencionalidade: "A evolução do vivente descortina também o preço de sua esplêndida eficácia: uma indiferença cega e absoluta ao devir, à liberdade e ao sofrimento de cada um de seus componentes" (p. 17).

A descrição das fases de uma morte celular programada é impressionante. Cerca de quinze proteínas permitem decompor em fragmentos aquelas que são indispensáveis para a sobrevivência de uma célula. Essa ação provoca a condensação e a fragmentação da célula que está morrendo sob a influência de mutantes genéticos. A célula se divide em um executor e um protetor.

Os esporos apresentam uma forma de vida intermediária. São as representações de uma forma de existência lenta, entre a vida e a morte, com o potencial de voltarem a viver plenamente.

O bloqueio da morte celular nem sempre é uma vantagem: é o quinhão dos cânceres. Por isso, convém desbloquear esse processo autodestrutivo para ativá-lo. Apoptose foi o termo adotado por John Kir, anatomopatologista, e Andrew Miller, em 1972, para isso. Em comparação com a "necrose", a apoptose apresenta características peculiares:

Enquanto a necrose lembra um fenômeno de explosão, a apoptose se assemelha a um fenômeno de implosão.

> A célula que provoca seu suicídio começa, antes de qualquer coisa, a romper todo o contato com o seu meio. Como um animal prestes a morrer, separa-se e aparta-se das células vizinhas. Em seguida, fragmenta-se de modo ordenado: condensa e depois fragmenta seu núcleo, decompondo em pequenos pedaços toda a coleção de seus genes. Ao mesmo tempo, o corpo celular também se condensa e depois se fragmenta em balõezinhos, os chamados "corpos apoptóticos". A membrana externa da célula se modifica, adquirindo um aspecto borbulhante, mas se mantém intacta, impedindo a liberação ao exterior das enzimas que contém, evitando qualquer destruição circundante. Essa morte rápida, solitária e sem estardalhaço, de modo geral, não causa lesão, inflamação nem cicatrização. As células próximas preenchem o espaço deixado por aquelas que morreram. Em pouco tempo, não resta qualquer vestígio do trabalho rápido e discreto da autodestruição. (pp. 62-63)

"Fechem as cortinas, a farsa acabou."[2]

Temos de nos acostumar com a banalidade da morte. Um número se impõe: mais de 99% das espécies que surgiram nos últimos 4 bilhões de anos estão provavelmente extintas. Isso não impede que a morte permaneça sendo fonte de angústia para a espécie humana em geral e para todo ser humano em particular.

---

[2] Frase pronunciada por François Rabelais que se tornou um aforismo em língua francesa. [N.T.]

Atualização em forma de despedida

Faz mais de 85 anos que foi proposta a ideia de pulsão de morte, e mais de 65 anos que Freud já não pode mais defendê-la contra seus detratores. Vimos que, de 1920 até sua morte, em 1939, ele passou a acreditar cada vez mais firmemente na existência da pulsão de morte. No entanto, não chegou a conhecer:

- a destruição dos judeus europeus nos campos de extermínio nazistas;
- os campos de "reeducação" soviéticos;
- os estragos causados pela bomba atômica na Ásia;
- o destino dado aos opositores do regime de Pol Pot no Camboja.

Tristes confirmações de uma ideia surgida de seu pressentimento. Não há nada aí que nos permita esperar esconjurar o perigo, e sim fatos que, ao contrário, confirmaram os piores temores de Freud. E, no entanto, nos ativemos aqui aos eventos principais.

No que diz respeito à clínica, seja qual for a teoria a que aderimos ou que tenhamos elaborado, sempre se trata – na psicanálise contemporânea – de vencer a destrutividade, a mais recente entre as formas clínicas de que se ocupam os psicanalistas. Freud havia assinalado, pois, três manifestações ilustrativas da pulsão de morte: a consciência de culpa, o masoquismo e a reação terapêutica negativa. Se esse enunciado é incontestável, a clínica moderna agrega a ele muitos outros quadros.

Não é simples fazer uma atualização do conceito de pulsão de morte. Primeiramente, devido à massa de dados que é preciso integrar. Não se trata somente de questionar as interpretações de Freud para conceber outras soluções menos especulativas, é preciso, também, questionar tudo o que faz parte da literatura pós--freudiana, cuja diversidade de posições é muito difícil de reduzir a um conceito integrador. Ademais, há tudo aquilo que a clínica contemporânea nos ensinou e que não foi contemplado por Freud, com tudo o que isso produziu em matéria de variações da técnica ou adoção de novos parâmetros.

Em primeiro lugar, uma questão ao mesmo tempo terminológica e conceitual. Caracterizar a sexualidade como manifestação das pulsões sexuais nunca chocou ninguém, aparentemente, e a substituição dessas pulsões por Eros tampouco despertou objeções. Mas falar em *pulsão* de morte suscita reações inteiramente diferentes.

Cabe, talvez, esclarecer e explicar que a morte e a pulsão de morte são coisas diferentes. A morte é um fato. Um fato cientificamente verificável. Pode ser definida por sinais objetivos (eletroencefalograma "plano" durante certo tempo, por exemplo) e constatada por qualquer pessoa. E bem se sabe que prolongar, até mesmo durante vários anos, a sobrevivência de uma pessoa em estado vegetativo é apenas um artifício. Um simples comando de desligar dissipa a ilusão de vida artificial que ainda subsistia. Já uma pulsão que conduziria à morte não é uma questão simples. O que isso quer dizer? Se evitarmos o polêmico termo "pulsão de morte", lembrando, sobretudo, que se trata de destruição (de si mesmo e do outro), as coisas resultam mais claras.

Destruição de quê? Destruição da vida, é claro; isto é, do corpo físico animado que vive e respira – posto que, em relação à vida e à alma, é pela interrupção do sopro (*pneuma*) que se identifica a morte de imediato. Mas destruição, também, da alma e do psiquismo – o que já é mais difícil de determinar, pois sempre se suspeita de que a vida esteja dissimulada pelas aparências. A destruição da alma é o que busca toda empreitada de sujeição e dominação na guerra contra outrem: o estrangeiro, o mau, o abominado. Não há triunfo sobre o outro para aquele que não deixa ao outro a liberdade de pensar e, eventualmente, desprezar o adversário. O que se busca é o abandono de tudo o que parece vir de uma vontade individual e que teria o direito de expressar sua diferença, seu rechaço ou sua oposição ao outro.

É preciso distinguir, talvez, como já buscamos fazê-lo, um masoquismo paterno (sofrer *pelo* pai), e um masoquismo materno, no qual a mãe tudo sacrifica para evitar o sofrimento do filho (espírito de sacrifício materno). Na verdade, ambos convergem: trata-se de chegar até o esquecimento da autoconservação para submeter-se a uma imagem posta acima de tudo (Deus, o filho). Interrogar-se sobre a validade da denominação de pulsão é menos justificável do que lembrar que tudo se iniciou com a compulsão à repetição, além do princípio do prazer. Aqui, portanto, pulsão quer dizer organização primitiva sobre a qual o Eu não tem influência e que tende a se reiterar sem que esteja, no entanto, ligada à busca repetitiva do prazer, e sim, segundo Freud, à busca da restauração de um estado anterior.

Há pulsão (de morte) porque Freud precisou dela para integrá-la a seu sistema teórico. A verdadeira pergunta passa a ser: a pulsão pode ser pensada? A partir do momento em que o teor de seu conceito reforça a coerência de sua teoria, o resto passa ao segundo plano. O importante é o par construção-destruição, com seu correlato intricação-desintricação. Existem, com efeito, duas maneiras de conceber a pulsão de morte. Casos que apresentam uma aspiração incoercível ao fracasso, ao desprazer, ao sofrimento correspondem a uma aplicação limitada dessa pulsão, que encontra sua justificativa sem maior dificuldade. E há, também, as metas do par pulsional Eros-destruição, de aplicação muito mais extensa e que propõem uma nova visão da vida psíquica.

Em análise, quando deparo com certas formas de sentimento de culpa inconsciente, de masoquismo ou de reação terapêutica negativa extrema, busco o que possa explicá-las. Porém, fora desse enquadramento, quando reflito sobre o sentido do sentimento de culpa inconsciente, do masoquismo ou de outras formas de negatividade no tratamento, digo-me que, *em última instância*, todos eles estão associados às manifestações da pulsão de morte. E, se chego a essa conclusão, não é por conta de uma realidade qualquer que eu capture em minhas redes, mas porque reconheço a natureza essencialmente especulativa desse conceito "supremo", como o chama Freud, que reivindicava para os conceitos supremos o direito de não ter de prová-los. Trata-se de um "biologismo" imaginário, ou de uma metabiologia disfarçada? Trata-se, antes, da busca de uma coerência conceitual constitutiva do psiquismo.

Um questionamento, não obstante. Eu não saberia dizer se a natureza essencial da pulsão de morte é de origem interna, visando à morte do sujeito, ou se prevalece sua orientação externa, visando à morte do outro. Parece-me que a experiência não é de muita ajuda para levar-nos a uma conclusão. O importante, a meu ver, é a referência a uma destrutividade originária de dupla orientação, que permanece inconsciente na maior parte do tempo. Já expliquei em outra oportunidade (Green, 2000, p. 166) que, na criação de uma criança, é preciso cuidar para que a pulsão de morte, pelos maus-tratos, não cause uma devastação na experiência de viver.

Ampliando o alcance dessa tese, eu diria que, quando as experiências dolorosas colocam em xeque o princípio do prazer, invadindo o psiquismo, elas dão origem a experiências de destrutividade irrepresentáveis, devido ao seu poder devastador em todas as direções, tanto externamente como internamente. Angústia mortal e destruição ilimitada ocupam todo o psiquismo. Sua ressurgência no adulto costuma ser de difícil interpretação. *O daimônico torna-se demoníaco*. Entende-se que, nesses casos, não se pode falar de regressão a um estágio libidinal anterior; trata-se de uma regressão global em que a destrutividade não sabe como enfrentar a dor psíquica nem a deter.

Em suma, isso estaria mais próximo do que Pierre Marty chama de desorganização do que de uma regressão *stricto sensu*. Assim, o prazer já não teria mais o que fazer numa situação em que, paradoxalmente, reina somente o gozo. Este é ininterpretável, ou seja, as interpretações não surtem efeito sobre ele. De qualquer forma, sinto-me obrigado a me referir à ideia de uma força pulsional, no sentido de um ciclone que nada pode deter. Sem dúvida ocasionada pelo sentimento de um Eu reduzido à impotência, como o analista quando se torna o objeto de tais reações tempestuosas, sem ter a sensação de tê-las provocado. Não podemos esquecer o papel, em formas menos extremas, da coexitação libidinal.

Restam a discutir alguns pontos que derivam do precedente. Um deles é o fato de que se leva insuficientemente em consideração a participação do objeto na criação dessa situação. Isso já é uma verdade aceita. Winnicott tentou remediá-lo. Não esqueçamos, então, o papel essencial da intricação – a principal contribuição do objeto – e a possível desintricação que sinaliza sua deficiência.

Para finalizar, ressaltamos alguns aspectos:

1. Ao contrário do que Freud dá a entender, a pulsão de morte não implica nem supremacia em relação à pulsão de vida, nem irreversibilidade definitiva quando ocorre de ela prevalecer.

2. No estado normal, a intricação, favorecida pelo objeto, é a forma sob a qual há que se observá-la. Creio, contudo, que é possível observá-la num estado quase integralmente desintricado (anorexia).

3. A pulsão de morte deve levar em consideração seu polo complementar: a relação de objeto, da qual depende em grande parte.

4. A experiência da transferência pode conseguir ligar o que se desligou sob a influência da pulsão de morte. O papel do analista na transferência, portanto, não pode ser menosprezado. Ele depende de seu modelo originário: o objeto.

5. O campo da pulsão de morte é interior ou exterior. Estende-se à psicopatologia criminológica e às psicossomatoses.

Sejam quais forem as opções eleitas por uns e outros – dado que nenhum argumento decisivo vem encerrar o debate; ele persistirá para sempre, e isso é essencial reconhecer –, temos de admitir, hoje, a *centralidade do conceito de destruição*. É certamente possível interpretá-la de várias formas, mas o essencial é não a ocultar.

A reflexão a respeito do campo sociocultural e da psicopatologia criminológica está aqui para nos lembrar disso. Procurei descrever uma função objetalizante, cuja finalidade seria transformar as funções em objetos – outra maneira de caracterizar o trabalho de Eros –, e, em correlação, uma função desobjetalizante, cujo papel consistiria em tornar os objetos indiferentes à sua utilização a serviço do gozo e da destrutividade. Pulsão e objeto formam, também, um par indissociável.

Conclusão provisória

Este livro não contém casos clínicos. Contudo, é minha experiência psicanalítica que o nutre. Se dispensei os primeiros, foi porque a obra teria dobrado de volume caso me tivesse valido de todas as observações sobre as quais tomei notas durante anos. Seria necessário dizer que toda a minha gratidão vai para os pacientes que me ensinaram o meu ofício, me fizeram tomar consciência de meus erros (graves, às vezes) e me introduziram no labirinto das interpretações dessas estruturas? Se aqui os reduzi ao silêncio, não foi unicamente por discrição (mas teria eu podido dizer tudo aquilo que pensei a respeito deles?), e sim, também, porque preferi deixar trabalhar a lembrança de minha experiência com cada um e, em certos casos, com aqueles que ainda continuam sua experiência comigo, em busca da *Durcharbeitung* [elaboração ou estudo profundo].

Por mais que me custe, é tempo de decidir pôr um fim em minha reflexão. Busquei esclarecer, na medida do possível, a evolução do pensamento de Freud que o levou a concluir do modo como o fez. Procurei, em seguida, recuperar o que foi feito por sua posteridade, com a expressão de perspectivas diversas, desde Melanie Klein até Winnicott. Os autores franceses trouxeram pontos de vista originais sobre o papel do significante na teoria e abriram os caminhos da psicossomática e da psicopatologia criminológica, sem contar os trabalhos inspirados mais diretamente na clínica psicanalítica "clássica".

Por fim, considero este ensaio uma ampliação de *O trabalho do negativo* (Green, 1993). Um desdobramento a partir de uma questão que tem dado muito pano para manga desde 1920 e que, sem dúvida, assim seguirá fazendo. Nada é mais difícil do que fazer um paciente admitir a existência de um prazer inconsciente na dor. E, se a escrita deste livro acabou me resultando muito laboriosa, proporcionou-me, também, muito prazer, graças àqueles que me prodigalizaram seu apoio para que eu seguisse adiante com minha reflexão. Talvez haverá quem diga, como disseram de Freud, que essas ideias se devem ao desgaste da idade. Que seja.

Referências

Ameisen, J. C. (1999). *La Sculpture du vivant. Le suicide cellulaire et la mort créatrice*. Paris: Seuil.

Balier, C. (1996). *Psychanalyse des comportements sexuels violents*. Paris: PUF.

Balier, C. (Dir.) (2005). *La violence en Abyme*. Paris: PUF.

Bergeret, J. (1984). *La Violence fondamentale*. Paris: Dunod.

Bion, W. R. (1983). Attaques contre la liaison. In W. R. Bion, *Réflexion faite* (F. Robert, trad.). Paris: PUF. (Trabalho originalmente publicado em 1959)

Bion, W. R. (1994). Ataques à ligação. In W. R. Bion, *Estudos psicanalíticos revisados*. (3ª ed.). Rio de Janeiro: Imago. (Trabalho originalmente publicado em 1959)

Bollack, J. (1965-1969). *Empédocle*. Paris: Minuit. (Reedit. Paris: Gallimard, 1992)

Botella, C., & S. Botella (2001). *La Figurabilité psychique*. Lausanne/Paris: Delachaux et Niestlé.

Bott Spillius, E. (1988). *Melanie Klein today* (Vol. I: Mainly theory; Vol. II: Mainly practice). London/New York: Routledge.

Brusset, B. (1977). *L'Assiette et le miroir*. Toulouse: Privat.

Burnet, J. (1919). *L'Aurore de la philosophie grecque* (A. Reymond, trad.). Paris: Bleu Nuit. (Trabalho originalmente publicado em 1892)

Burnet, J. (1970). *L'Aurore de la philosophie grecque*. Paris: Payot. (Trabalho originalmente publicado em 1892)

Cahn, R. (1983). Le procès du cadre ou la passion de Ferenczi. *Revue française de psychanalyse*, 47(5), 1107-1133.

Combe, C. (2002). *Soigner l'anorexie*. Paris: Dunod.

Davis, M., & Wallbridge, D. (1992). *Winnicott. Introduction à son œuvre* (R. Pelsser, trad.). Paris: PUF. (Trabalho originalmente publicado em 1981)

Diatkine, G. (2000). Le Surmoi culturel. *Revue française de psychanalyse*, 64(5), 1523-1588.

Donnet, J.-L. (1995). *Surmoi. Le concept freudien et la règle fondamentale*. Paris: PUF.

Donnet, J.-L. (1998). Processus culturel et sublimation. *Revue française de psychanalyse* 62(4), 1053-1067.

Donnet, J.-L., & Green, A. (1973). *L'Enfant de ça*. Paris: Minuit.

Donnet, J.-L., & Zaltzman, N. (2003). Travail de la culture, travail de la cure. Débat modéré par J.-L. Baldacci. In Green, A. (Dir.), *Le Travail psychanalytique*. Paris: PUF.

Dumont, J.-P. (Ed.). (1988). Les Présocratiques (J.-P. Dumont, D. Delattre, J.-L. Poirier, trad.). Paris: Gallimard. (Coleção La Pléiade)

Dupont, J. (1982). Introduction. In S. Ferenczi, Œuvres complètes (Vol. IV). Paris: Payot.

Durkheim, É. (2004). Le Suicide. Paris: PUF. (Trabalho originalmente publicado em 1897)

Edelman, G. (1992). Biologie de la conscience (A. Gerschenfeld, trad.). Paris: Odile Jacob.

Edelman, G. (2004). Plus vaste que le ciel. Paris: Odile Jacob.

Edelman, G., & Tononi, G. (2000). Comment la matière devient conscience. Paris: Odile Jacob.

Enriquez, M. (1984). Aux carrefours de la haine. Paris: Desclée de Brouwer.

Ferenczi, S. (1985). Journal clinique (Groupe du Coq-Héron, trad.). Paris: Payot. (Trabalho originalmente publicado em 1932)

Ferenczi, S., & Rank, O. (1974). Perspectives de la psychanalyse. In S. Ferenczi, Œuvres complètes (Vol. Psychanalyse III, pp. 220-236). Paris, Payot. (Trabalho originalmente publicado em 1924)

Freud, S. (1973a). La Naissance de la psychanalyse. Lettres à Wilhelm Fliess, notes et plan (1887-1902) (A. Berman, trad.). Paris: PUF. (Trabalho originalmente publicado em 1950 por Marie Bonaparte, Anna Freud e Ernst Kris)

Freud, S. (1973b). Lettre à W. Fliess, 21 septembre 1887. In S. Freud, La Naissance de la psychanalyse. Lettres à Wilhelm Fliess, notes et plan (1887-1902) (A. Berman, trad., p. 193). Paris: PUF.

Freud, S. (1973c). L'Esquisse. In S. Freud, La Naissance de la psychanalyse. Lettres à Wilhelm Fliess, notes et plan (1887-1902) (A. Berman, trad.). Paris: PUF. (Trabalho original de 1895)

Freud, S. (1986). *L'Homme Moïse et la religion monothéiste* (C. Heim, trad.). Paris: Gallimard. (Trabalho originalmente publicado em 1939)

Freud, S. (1987). *Trois Essais sur la théorie sexuelle* (P. Koeppel, trad., pp. 28-72). Paris: Gallimard. (Trabalho originalmente publicado em 1905)

Freud, S. (1988). Considérations actuelles sur la guerre et la mort (I. La désillusion causée par la guerre. II. Notre rapport à la mort). In S. Freud, *Œuvres complètes* (Vol. XIII, pp. 127-158). Paris: PUF. (Trabalho originalmente publicado em 1915)

Freud, S. (1992a). Inhibition, Symptôme et Angoisse. In S. Freud, *Œuvres complètes* (Vol. XVII). Paris: PUF. (Trabalho originalmente publicado em 1926)

Freud, S. (1992b). Le Problème économique du masochisme. In S. Freud, *Œuvres complètes* (Vol. XVII). Paris: PUF. (Trabalho originalmente publicado em 1924)

Freud, S. (1994). Le Malaise dans la culture. In S. Freud, *Œuvres complètes* (Vol. XVII). Paris: PUF. (Trabalho originalmente publicado em 1930)

Freud, S. (1996a). Au-delà du principe de plaisir. In S. Freud, *Œuvres complètes* (Vol. XV). Paris: PUF. (Trabalho originalmente publicado em 1920)

Freud, S. (1996b). L'Inquiétant. In S. Freud, *Œuvres complètes* (Vol. XV, pp. 147-188). Paris: PUF. (Trabalho originalmente publicado em 1919)

Freud, S. Projeto para uma psicologia científica. In S. Freud, *Edição standard brasileira das obras psicológicas completas de Sigmund Freud* (Vol. 1). Rio de Janeiro: Imago. (Trabalho original de 1895, publicado pela primeira vez em 1950)

Freud, S. (1920). Além do princípio do prazer. In S. Freud, *Edição standard brasileira das obras psicológicas completas de Sigmund Freud* (Vol. 18). Rio de Janeiro: Imago. (Trabalho originalmente publicado em 1920)

Freud, S. O problema econômico do masoquismo. In S. Freud, *Edição standard brasileira das obras psicológicas completas de Sigmund Freud* (Vol. 19). Rio de Janeiro: Imago. (Trabalho originalmente publicado em 1924)

Freud, S. O mal-estar na civilização. In S. Freud, *Edição standard brasileira das obras psicológicas completas de Sigmund Freud* (Vol. 21). Rio de Janeiro: Imago. (Trabalho originalmente publicado em 1930)

Freud, S., & Abraham, K. (2006). *Correspondance complète* (F. Cambon, trad.). Paris: Gallimard.

Glover, E. (1945). An examination of the Klein system of child psychology. *The Psychoanalytic Study of the Child*, 1, 75-118.

Godelier, M. (2004). *Métamorphoses de la parenté*. Paris: Fayard.

Gomperz, Th. (1964). *Greek thinkers*. London: J. Murray. (Trabalho originalmente publicado em 1896)

Green, A. (1973). *Le Discours vivant*. Paris: PUF.

Green, A. (1983a). La mère morte. In A. Green, *Narcissisme de vie. Narcissisme de mort*. Paris: Minuit. (Trabalho originalmente publicado em 1980)

Green, A. (1983b). *Narcissisme de vie. Narcissisme de mort*. Paris: Minuit.

Green, A. (1990). *La Folie privée*. Paris: Gallimard.

Green, A. (1993). *Le Travail du négatif*. Paris: Minuit.

Green, A. (1994). Vie et mort dans l'inachèvement. *Nouvelle Revue de psychanalyse*, 50, 155-184.

Green, A. (2000). La mort dans la vie. Quelques repères pour la pulsion de mort. In J. Guillaumin (Ed.), *L'Invention de la pulsion de mort*. Paris: Dunod.

Green, A. (2002). L'analité primaire. In A. Green, *La Pensée clinique*. Paris: Odile Jacob.

Green A. (Dir.) (2003). *Le Travail psychanalytique*. Paris: PUF.

Green, A. (2006a). De la psychanalyse comme psychothérapie aux psychothérapies pratiquées par les psychanalystes. In A. Green (Dir.), *Les Voies nouvelles de la thérapeutique psychanalytique. Le dedans et le dehors* (pp. 13-112). Paris: PUF.

Green, A. (2006b). De l'Inconscient au Ça. In A. Green (Dir.), *Les Voies nouvelles de la thérapeutique psychanalytique. Le dedans et le dehors* (pp. 17-32). Paris: PUF.

Green, A. (Dir.) (2006c). *Les Voies nouvelles de la thérapeutique psychanalytique. Le dedans et le dehors*. Paris: PUF.

Homero [Homère] (1955). *Iliade* (R. Flacelière, trad.). Paris: Gallimard. (Coleção La Pléiade)

Jeammet, P. (2005). *Anorexie boulimie: Les paradoxes de l'adolescence*. Paris: Hachette.

Kahn, L. (2005). *Faire parler le destin*. Paris: Klincksieck.

Klein, M. (1959). *La Psychanalyse des enfants* (J.-B. Boulanger, trad.). Paris: PUF. (Trabalho originalmente publicado em 1932)

Klein, M. (1966). Notes sur quelques mécanismes schizoïdes. In M. Klein *Développements de la psychanalyse* (W. Baranger, trad., pp. 274-300). Paris: PUF. (Trabalho originalmente publicado em 1946)

Kojève A. (1968). *Essai d'une histoire raisonnée de la philosophie païenne* (T. 1). Paris: Gallimard.

Marty, P., & M'Uzan, M. de. (1962). La pensée opératoire. *Revue française de psychanalyse, 27*(5), 345-356.

Marty, P., M'Uzan, M. de, & David, C. (1963). *L'Investigation psychosomatique.* Paris: PUF.

Morin, E. (Dir.). (1999). *Relier les connaissances.* Paris: Seuil.

Perelberg, R. (Dir.) (2004). *Violence et suicide* (A.-L. Hacker, trad.). Paris: PUF.

Roussillon, R. (2005). La "conversation" psychanalytique: Un divan en latence. *Revue Française de Psychanalyse, 69*(2), 365-382.

Schmidt-Hellereau C. (2000). *Pulsion de vie, pulsion de mort.* Lausanne/Paris: Delachaux et Niestlé.

Sifneos, P. (1975). Problems of psychotherapy of patients with alexithymic characteristics and physical disease. *Psychotherapy and Psychosomatics, 26*(2), 65-70.

Valabrega, J.-P. (1980). *Phantasme, Mythe, Corps et Sens.* Paris: Payot.

Winnicott, D. W. (1990). *La Nature humaine* (B. Weil, trad.). Paris: Gallimard, 1990. (Trabalho originalmente publicado em 1988)